特長と使い方

～本書を活用した大学入試対策～

□ **志望校を決める（調べる・考える）**

入試日程、受験科目、出題範囲、レベルなどが決まるので、やるべきことが見えやすくなります。

□ **「合格」までのスケジュールを決める**

基礎固め・苦手克服期 … **受験勉強スタート～入試の６か月前頃**

- 選択式・記述式など、さまざまな出題形式に慣れていきましょう。
- 古文の特徴でもある歴史的仮名遣いや古語の意味、敬語表現、主語・助詞の省略などはよく問われるため、知識事項を整理するとともに、文中から人物関係などを読み取るようにしましょう。
- 会話文に関する問題も頻出のため、要点を整理しておきましょう。

応用力養成期 … **入試の６か月前～３か月前頃**

- 身につけた基礎を土台にして、入試レベルの問題に対応できる応用力を養成します。
- 志望校の過去問を確認して、出題傾向、解答の形式などを把握しておきましょう。
- 模試を積極的に活用しましょう。模試で課題などが見つかったら、『**大学入試 ステップアップ 古文【基礎】**』で復習して、確実に解けるようにしておきましょう。

実戦力養成期 … **入試の３か月前頃～入試直前**

- 『**大学入試 ステップアップ 古文【標準】**』で実戦力を養うとともに、過去問にも取り組みましょう。

□ **志望校合格！！**

古文の学習法

◎古文の出典としては、平安時代中期～後期や鎌倉時代の作品が多く出題されており、近年では江戸時代の作品も散見されます。ジャンルも通常の物語から軍記物語、日記など幅広く取り上げられているため、これらの時代の作品には特に意識して触れていくようにしましょう。

◎文法事項を問う出題も見られるため、それぞれの品詞や敬語のポイントを整理しておく必要があります。**助動詞・助詞の識別、敬語における敬意の対象の把握**など、よく問われる内容を中心に学習していくとよいでしょう。

◎選択式の問題では、**内容や理由、主語について問われることが多い**です。読解においては、**登場人物の言動や文末表現などにも着目**しながら、「誰(何)が」「どうしたのか」という点を把握していきましょう。

◎記述式の問題では、**現代語訳や内容説明がよく問われます**。特に現代語訳については、敬語表現を含むものが問われやすいです。また、形は現代語と同じであるものの意味が異なる古語や、現代語と形が似ている古語などを含むものも多く見られます。それぞれの表現や意味などの特徴をおさえておきましょう。

～本書のしくみ～

本冊

見開き２ページで１単元完結になっています。

☆重要な問題
ぜひ取り組んでおきたい問題です。状況に応じて効率よく学習を進めるときの目安になります。

出典紹介
本文の出典作品に関わる内容を紹介しています。

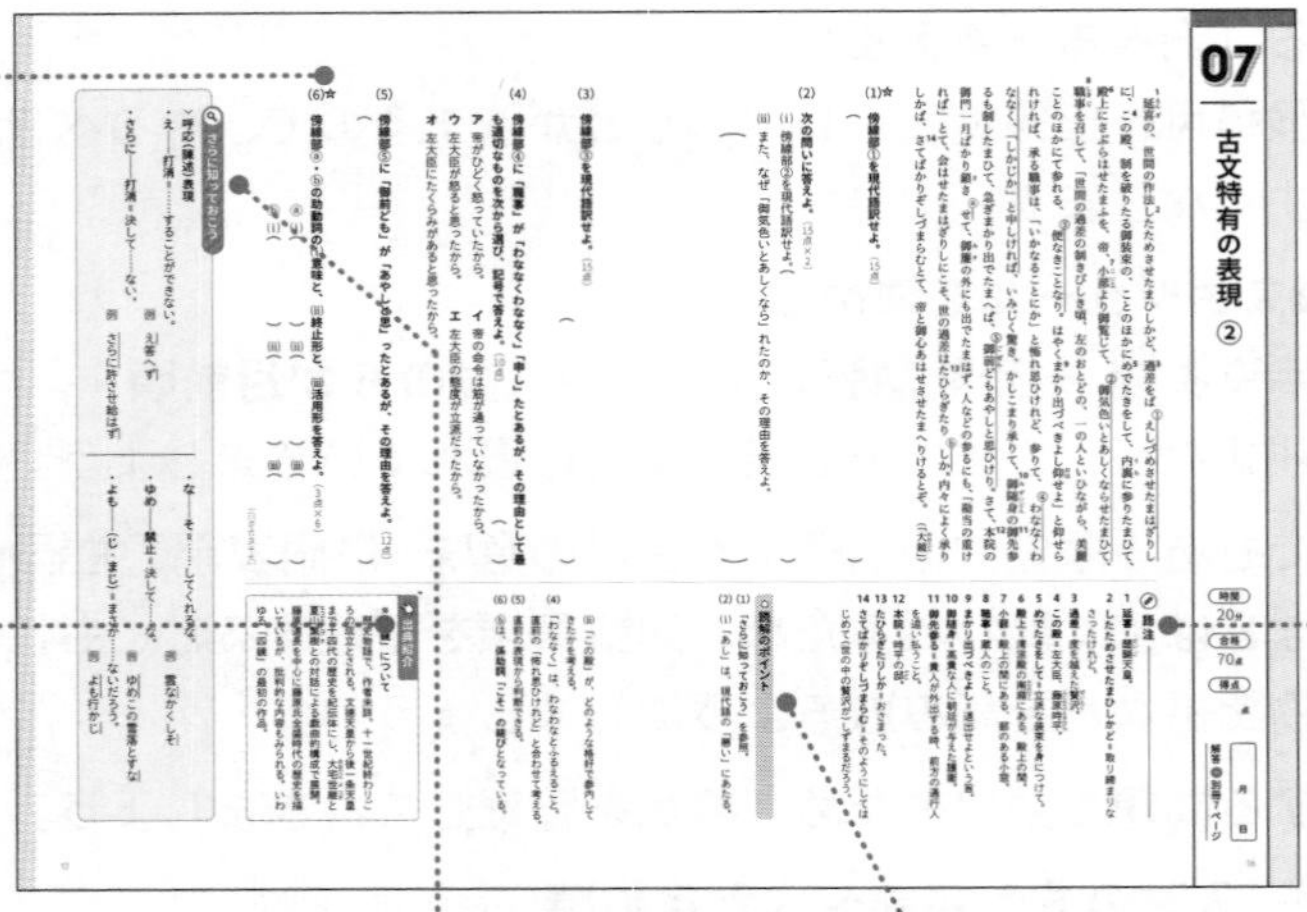

語注
文中に出てくる重要な言葉は、語注で意味を紹介しています。

さらに知っておこう
当該単元で扱う文法事項などを紹介しています。

読解のポイント
問題を解くうえでのポイントなどを紹介しています。

解答・解説

解説
解答を導く方法などを丁寧に解説しています。

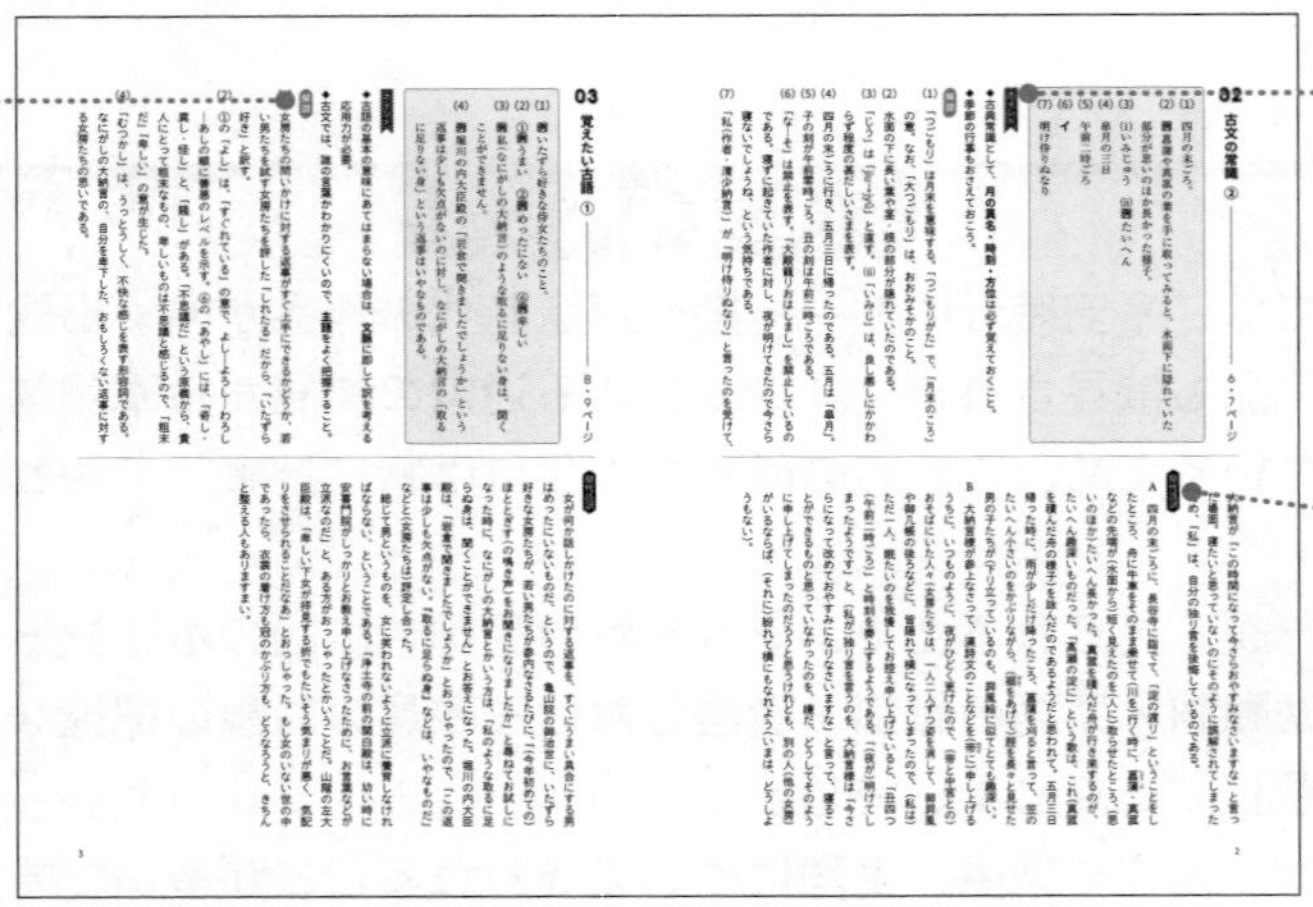

ポイント
問題を解くうえでの要点を紹介しています。

現代語訳
古文本文をわかりやすく現代語訳しています。

本書の活用例

◎何度も繰り返し取り組むとき、１巡目は全問→２巡目は１巡目に間違った問題 …のように進めて、全問解けるようになるまで繰り返します。

◎ざっと全体を復習したいときは、各単元の☆だけ取り組むと効率的です。

目　次

			Date	
01	古文の常識 ①	4	[　/　]	[　/　]
02	古文の常識 ②	6	[　/　]	[　/　]
03	覚えたい古語 ①	8	[　/　]	[　/　]
04	覚えたい古語 ②	10	[　/　]	[　/　]
05	古文常識語の読みと意味	12	[　/　]	[　/　]
06	古文特有の表現 ①	14	[　/　]	[　/　]
07	古文特有の表現 ②	16	[　/　]	[　/　]
08	古文特有の表現 ③	18	[　/　]	[　/　]
09	古文読解の基礎 ①	20	[　/　]	[　/　]
10	古文読解の基礎 ②	22	[　/　]	[　/　]
11	古文読解の基礎 ③	24	[　/　]	[　/　]
12	古文読解の基礎 ④	26	[　/　]	[　/　]
13	敬　語 ①	28	[　/　]	[　/　]
14	敬　語 ②	30	[　/　]	[　/　]
15	和歌の修辞	32	[　/　]	[　/　]
16	品詞分解の仕方	34	[　/　]	[　/　]
17	動詞の活用の種類と活用形	36	[　/　]	[　/　]
18	助動詞 ①　推量	38	[　/　]	[　/　]
19	助動詞 ②　過去	40	[　/　]	[　/　]
20	助動詞 ③　完了	42	[　/　]	[　/　]
21	助動詞 ④　受身・可能・自発・尊敬・使役	44	[　/　]	[　/　]
22	助動詞 ⑤　打消	46	[　/　]	[　/　]
23	助動詞 ⑥　断定	48	[　/　]	[　/　]
24	助　詞 ①　格助詞	50	[　/　]	[　/　]
25	助　詞 ②　接続助詞	52	[　/　]	[　/　]
26	助　詞 ③　副助詞	54	[　/　]	[　/　]

01 古文の常識①

時間 20分
合格 70点
得点 　点

月　日

解答 別冊1ページ

西行法師、男なりける時[1]、①かなしくしける女の、三、四ばかりなりけるが、重く②わづらひて、限りなりけるころ、院[2]の北面のものども、弓射て③遊びあへりけるにいざなはれて、心ならず④ののしりくらしけるに、郎等[3]男の走りて、耳にものをささやきければ、心知らぬ人は、なにとも思ひいれず。西住法師、いまだ男にて、源次兵衛尉とてありけるに、目を見合せて、「⑤このことこそすでに」とうちいひて、人にも知らせず、さりげなく、いささかの気色も⑥かはらでゐたりし、ありがたき心なりとぞ、西住、のちに人に語りける。

これらは、さまこそかはれども、みなものに耐へ忍ぶるたぐひなり。心をもてしづめぬ人は、なにごともはなばなしく、けしからぬあやしの賤の女[4]などが、もの歎きたる声、気色は、隣里[5]も苦しく、いかでか耐へむと聞ゆれども、一日二日などに過ぎず。のちには、さる気ありつるかとだに思はぬこそ、あさましけれ。

また、女のものねたみ、同じく忍びつつしむべし。いやしきはいはず、ことよろしき人の中にも、そのかたのすすむ人につけては、むくつけなく[6]、うたてき名を残すなり。なかにも后は螽斯[7]、毛詩の喩、おはしましき。ものねたみし給はぬこと、本文[8]に見えたれども、⑦それしもえしのび給はず。

（『十訓抄』）

語注

1 **男なりける時**＝在俗の時。
2 **院**＝鳥羽上皇の御所。
3 **郎等**＝従者。
4 **賤の女**＝身分の卑しい女。
5 **隣里**＝隣の村（家）。
6 **むくつけなく、うたてき**＝無風流で、情けない。
7 **螽斯、毛詩の喩**＝イナゴの類のように子孫が繁栄するという、「毛詩（詩経）」国風・周南篇にみえる喩え。
8 **本文**＝中国の書物の文章。

(1) **傍線部①・④の解釈として最も適切なものを次からそれぞれ選び、記号で答えよ。**（10点×2）　①（　）　④（　）

①
- **ア** かわいがっていた
- **イ** 心配していた
- **ウ** 辛く感じていた
- **エ** 同情していた
- **オ** 見捨てていた

④ ア うわさをして　イ 騒いで　ウ 怒鳴って
エ 馬鹿にして　オ 反感を持って

(2) **傍線部②・③・⑥を現代仮名遣いに直し、ひらがなで答えよ。**（10点×3）
②（　　）③（　　）⑥（　　）

(3) **傍線部⑤とあるが、どのような意味か。「このこと」の内容と、「すでに」のあとに省略されている内容が具体的にわかるように説明せよ。**（30点）
（　　）

(4) **傍線部⑦の解釈として最も適切なものを次から選び、記号で答えよ。**（20点）（　　）
ア それでさえも昔の出来事を懐かしむことをなさらない。
イ それでさえも亡き人を懐かしむことをなさらない。
ウ それでさえも好きな人を恋い慕うことをなさらない。
エ それでさえも嫉妬心を慎むことがおできにならない。
オ それでさえも悪口を言う気持ちを慎むことがおできにならない。

［法政大―改］

読解のポイント

(1) 古語は、現代語と形がよく似ていても、意味が全く違うことがあるので注意する。
(2) 「さらに知っておこう」を参照。
(3) 「このこと」は、西行の娘の状態を踏まえて考える。そして、「すでに」どうだというのかを読み取る。
(4) 「え―打消」は不可能を表す。この段落の話題を踏まえて判断する。

出典紹介

■「十訓抄」について
説話集で、編者未詳。一二五二年成立。若い人たちのためになる一〇の徳目を設け、これに従って約二八〇編の説話が収められている。教訓的性格をもった内容の話が多い。

さらに知っておこう

✓歴史的仮名遣い

①「は・ひ・ふ・へ・ほ」→「ワ・イ・ウ・エ・オ」と読む。
例 まはる→まわる　うたふ→うたう
ただし、語頭にハ行がくる場合や二つ以上の語が合体してできた語、畳語(同一の語を重ねた語)はそのまま読む。
例 花→はな　朝日→あさひ　ひしひし→ひしひし

②母音「あ・い・え・お」に「う」の母音が続いた場合、それぞれ「オー」「ユー」「ヨー」「オー」と読む。
例 いふやう(yau)→ユーヨー(yô)　てうど(調度)(teu)→チョード(tyô)
①・②の二つのルールを組み合わせたものもある。
例 けふ(今日)→キョー(kehu→keu→kyô)

02 古文の常識 ②

時間 20分　合格 70点　得点　　点

月　　日

解答 ▶ 別冊2ページ

A　①卯月のつごもりがたに、[1]初瀬(はつせ)に詣(まう)でて、[2]淀(よど)の渡りといふものをせしかば、舟に[3]車をかきすゑて行くに、[4]菖蒲(さうぶ)・菰(こも)などの末の短く見えしを取らせたれば、②いと長かりけり。菰積みたる舟のありくこそ、③いみじうをかしかりしか。「[5]高瀬の淀に」とはこれを詠みける[6]なめりと見えて。④三日帰りしに、雨のすこし降りしほど、菖蒲刈るとて、笠のいと小さき着つつ、脛(はぎ)いと高き男の童などのあるも、屏風(びやうぶ)の絵に似ていとをかし。

B　大納言殿まゐり給ひて、書(ふみ)のことなど奏(そう)し給ふに、例の、夜いたく更けぬれば、御前なる人々、一人二人づつ失せて、御屏風、御几帳(きちやう)のうしろなどに、みなかくれ臥(ふ)しぬれば、ただ一人、ねぶたきを念じてさぶらふに、「⑤丑(うし)四つ」と奏すなり。「明け侍りぬなり」とひとりごつを、大納言殿「⑥いまさらにな大殿籠(おほとのごも)りおはしましそ」とて、寝(ぬ)べきものとも思いたらぬを、[7]うたて、なにしに⑦さ申しつらんと思へど、また人のあらばこそは、まぎれも臥さめ。

（『枕草子(まくらのさうし)』）

(1) **傍線部①は、何月のいつごろか答えよ。**（10点）

（　　　　）

(2) **傍線部②は、何のどんな様子について言ったものか。説明せよ。**（20点）

（　　　　）

(3) **傍線部③を、(i)現代仮名遣いに直し、(ii)意味を答えよ。**（5点×2）

(i)（　　　　）　(ii)（　　　　）

語注

1 **初瀬に詣でて**＝長谷(はせ)寺に詣でて。奈良県にある長谷寺は、当時貴族の信仰を集めていた。
2 **淀の渡り**＝渡し船に乗ること。
3 **車をかきすゑて**＝牛車(ぎっしゃ)をそのまま乗せて。
4 **菖蒲・菰**＝端午の節句に飾る植物。
5 **高瀬の淀に**＝古歌の一節。
6 **なめり**＝「なるめり」の撥(はつ)音便「なんめり」の「ん」が表記されない形「なめり」。読む時は「なンめり」と読むこともある。
7 **うたて**＝嫌だ。不愉快だ。「うたてし」の語幹。

読解のポイント

(1) 「**さらに知っておこう**」を参照。
(2) 何が長かったのかを読み取る。
(3) 終止形は「いみじ」。
(4) 卯月に続く月は何かを考える。
(5) 「**さらに知っておこう**」を参照。
(6) 「な―そ」は**禁止**を表す。作者はどういう状態でいるのかを読み取る。
(7) 「申す」と謙譲語を使っていることに注目して、誰が「さ申し」たのかを考える。

(4) **傍線部④は、いつ帰ったのか。傍線部①のように古語で答えよ。**（15点）

（　　　　）

(5) **傍線部⑤とあるが、「丑の刻」は何時ごろか答えよ。**（10点）

（　　　　）

(6) **傍線部⑥の解釈として最も適切なものを次から選び、記号で答えよ。**（15点）（　　）

ア 今になって寝ることはもうできないでしょう。

イ 今さらになって改めておやすみになりなさいますな。

ウ 今からでも少しおやすみになりますか。

エ 今さら寝てもしかたがないかもしれません。

(7) **傍線部⑦が指す内容をＢの文中から抜き出せ。**（20点）

（　　　　）

出典紹介

■**「枕草子」について**

清少納言著の随筆集。長保三（一〇〇一）年ごろ成立したと考えられる。一条天皇の皇后定子に仕えた著者が、宮廷生活の体験・見聞・感想などを綴ったものである。三百余りの章段より構成され、内容は①日記的章段、②類聚的章段、③随想的章段に分類される。ほぼ同時期に書かれた「源氏物語」とともに、名作として有名。

さらに知っておこう

陰暦の月名について（季節のわけ方）

春 一月―**睦月**（むつき）　二月―**如月**（きさらぎ）　三月―**弥生**（やよひ）

夏 四月―**卯月**（うづき）　五月―**皐月**（さつき）　六月―**水無月**（みなづき）

秋 七月―**文月**（ふづき・ふみづき）　八月―**葉月**（はづき）　九月―**長月**（ながつき）

冬 十月―**神無月**（かんなづき・かみなづき）　十一月―**霜月**（しもつき）　十二月―**師走**（しはす）

時刻・方位について

時刻・方位ともに、十二支を用いて表す。時刻は一日を十二等分し、「午の刻」よりも前を「午前」、あとを「午後」としている。また、方位は三六〇度を十二等分し、北を「子」としている。

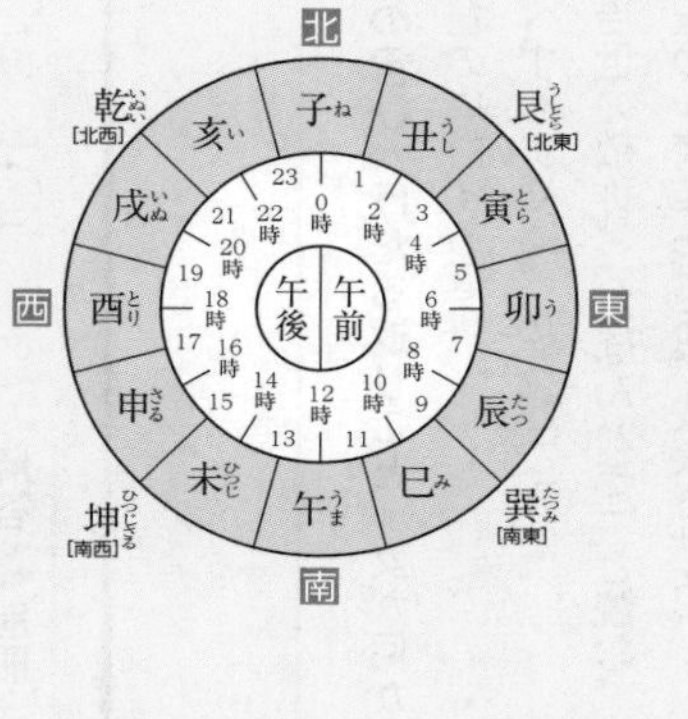

03 覚えたい古語 ①

時間 20分　合格 70点　得点　　点

　月　日

解答 別冊3ページ

女[1]のもの言ひかけたる返りごと、とりあへず[2]①よきほどにする男は②ありがたきものぞ、とて、亀山院（かめやまゐん）の御時[3]、③しれたる女房ども、若き男たちの参らるるごとに、「ほととぎすや聞きたまへる」と問ひて試みられけるに、なにがしの大納言とかやは、「④かずならぬ身は、え聞き候はず」と答へられけり。堀川（ほりかは）の内大臣殿は、「岩倉（いはくら）にて聞きて候ひしやらん」と仰（おほ）せられたりけるを、「⑤これは難なし。かずならぬ身、むつかし」など定め合はれけり。すべてをのこをば、女に笑はれぬやうにおほしたつ[4]べしとぞ。「浄土寺前関白殿（じやうどじのさきのくわんぱくどの）は、幼（をさな）くて安喜門院（あんきもんゐん）のよく教へ参らせさせたまひける故に、御ことばなどのよきぞ」と、人の仰せられけるとかや。山階（やましな）の左大臣殿は、「⑥あやしの下女（しもをんな）の見奉るもいと恥（は）づかしく、心づかひせらるる」とこそ仰せられけれ。女のなき世なりせば、衣紋（えもん）[5]も冠（かうぶり）も、いかにもあれ、ひきつくろふ[6]人もはべらじ。

（『徒然草（つれづれぐさ）』）

(1)☆ 「しれたる」は「愚かな」「ぼけた」という意味だが、傍線部③の「しれたる女房ども」の場合はその意味ではないらしい。どんな侍女（じじょ）たちのことを「しれたる」というのか、答えよ。（25点）

（　　　　　　　　　　　　）

(2)☆ 傍線部①・②・⑥の形容詞はそれぞれどのような意味で使われているか、現代語で答えよ。（5点×3）

①よき（　　　　　　　　　　　　）

語注

1 **女のもの言ひかけたる返りごと**＝女が何か話しかけたのに対する返事。
2 **とりあへず**＝すぐに。たちどころに。
3 **御時**＝治世の敬称。「おほんとき」と読む。
4 **おほしたつ**＝育てあげる。成長させる。
5 **衣紋**＝衣裳（いしょう）の着け方。
6 **ひきつくろふ**＝身だしなみをする。きちんと整える。

読解のポイント

(1) 女房たちが、若い男たちに何をしているかを考えてみる。
(2) ①は、返事の具合についての批評。②は、「有り難し」と書くことから考える。⑥は、身分についてのこと。

②ありがたき　（　　　）

⑥あやし　（　　　）

(3) **傍線部④の中の「かずならぬ身」が、誰のどんな身であるかがわかるように注意しながら全体を現代語訳せよ。**（30点）

（　　　　　）

(4) **傍線部⑤によると女房たちの評定はどのようであったのか、説明せよ。**（30点）

（　　　　　）

［東京学芸大］

(3) 呼応（陳述）の副詞「え」は、あとに打消語を伴って**不可能**の意味になる。

(4) 「これ」は、堀川の内大臣殿の返事を指し、「かずならぬ身」は、なにがしの大納言を指す。

出典紹介

■「徒然草」について

兼好法師著の随筆集。元弘元（一三三一）年ごろ成立。長短二四三段。内容は、自然・人事・社会・故実・回想など多岐にわたる。仏教的な無常観に徹して、世相や人生を鋭く洞察したものが多く、清少納言の「枕草子」と並び称される。中世期の代表作品である。

さらに知っておこう

分類して覚えておきたい古語

次の①〜④に注意して、よく出てくる基本の古語は覚えていくようにしよう。

①現代語と意味の異なる語
②現代語と紛れやすい語
③似かよった意味を持つ語
④古文特有の重要な古語

①**現代語と意味の異なる語**──現代語と形は全く同じ。
あそび・いたづら・おどろく・おほかた・かたち・つとめて・ののしる・ながむ・やがて・わたる・もてなす……

②**現代語と紛れやすい語**──現代語と形が似ている。
あさまし・あたらし・あやし・ありがたし・いたし・うしろめたし・おとなし・すさまじ・かなし……

（11ページへ続く。）

04 覚えたい古語 ②

時間 20分　合格 70点　得点　　点

月　日

解答 別冊4ページ

よろづのことよりも情[1]（なさけ）あるこそ、男はさらなり、女も①めでたくおぼゆれ。ⓐなげのことばなれど、せちに[2]心に深く入（い）らねど、いとほしき事[3]をばいとほしとも、あはれなる[4]をばげにいかに思ふらむなどいひけるを、伝へて聞きたるは、さし向かひていふよりも②うれし。③いかでこの人に思ひ知りけりとも見えにしがな[5]とつねにこそおぼゆれ。

かならず思ふべき人、とふべき人はさるべきことなれば、とりわかれしもせず[6]。さもあるまじき人の、さしいらへ[7]をもⓑうしろやすくしたるはうれしきわざなり。いとやすきことなれど、さらにえあらぬことぞかし[8]。

おほかた心よき人のまことにかどなからぬは、男も女もありがたきことなめり。また、④さる人もおほかるべし。

（「枕草子（まくらのそうし）」）

(1)☆ **傍線部ⓐの「なげのことば」の意味として最も適切なものを次から選び、記号で答えよ。**（15点）（　　）

ア つつましい言葉　**イ** ちょっとした言葉

ウ しんせつな言葉　**エ** よそよそしい言葉

(2)☆ **傍線部ⓑの「うしろやすく」の意味として最も適切なものを次から選び、記号で答えよ。**（15点）（　　）

ア 気がかりである　**イ** 生半可である

ウ 安心である　**エ** 本気である

語注

1 **情ある**＝思いやりの心のある。
2 **せちに**＝痛切に。甚だしく。
3 **いとほしき事**＝気の毒なこと。
4 **あはれなる**＝かわいそうな(こと)。
5 **見えにしがな**＝知らせたいものだなあ。
6 **とりわかれしもせず**＝とりわけてうれしいこともない。
7 **さしいらへ**＝「差し答へ」。受け答え。
8 **さらにえあらぬことぞかし**＝実際にはめったにあることではないよ。「さらに」はあとに打消語を伴うと、「決して…ない」の意となる。

(3) 傍線部①「めでたく」を現代語訳せよ。（20点）

（　　　　　　　　）

(4) 傍線部②「うれし」について、その理由を次の文の空欄にあてはまるように十字以内で答えよ。（20点）

その人が□□□□□□□□□□ことがわかるから。

(5) 傍線部③「いかで」のかかる語句を文中より抜き出して答えよ。（15点）

（　　　　　　　　）

(6) 傍線部④「さる人」とはどのような人か、文中より抜き出して答えよ。（15点）

（　　　　　　　　）

［南山大―改］

読解のポイント

(2) 文脈の中で考えるとぴったりくるものはないが、「後ろ安し」の言葉から考えるとよい。

(4) 直接思いやりある言葉を言われることと、人から伝え聞くこととの違いは何かを考える。

(6) 「さる」は「さある」の省略。**指示語は直前に注目する。**

出典紹介

■「枕草子」について
7ページに既出。

さらに知っておこう

③似かよった意味を持つ語――対照して、ペアで覚えておくとよい。

あかつき―あけぼの、けしき―けはひ、山の端（は）―山ぎは、よし―よろし、あし―わろし、さびし―わびし……

④古文特有の重要な古語

あいなし・うし・うたて・つれづれ・まゐる・ゆゆし・らうたし・ものす・わりなし・むげなり・つきづきし……

詳しい意味については、辞書をひいて確認してほしい。基本は、文の中で意味を理解していくことである。

05 古文常識語の読みと意味

時間 20分　合格 70点　得点 　点

月　日

解答 別冊5ページ

その時、①大臣・②上達部のむすめありとあるは、「他国[1]のかりそめの人なりとも、かくておはする程、我が家の内に出だし入れ奉りて見ばや。さて子をも生み出でたらば、かばかりいみじき人の名残を留めたらんは、③えも言はざることなり」と、思ひ願はぬ人なくて、さる用意をしつつ気色[2]とり聞こゆれど、「わが世にてだに、さやうの事思ひ寄らざりしを、まいて知らぬ世界に、さるふるまひをし出でたらんに、いと④便なからんかし。さだに行きかかりなば、帰らんとせんに、事悪しく⑤なりなんかし」と思ふに、いよいよ動かれぬに、一の后の御父の大臣、あまたが中に五にあたるむすめ、すぐれていみじう[3]いつきかしづき給ふが、⑥去年の十月のとせい[4]の紅葉の賀の御幸[5]に見給ひてのち、⑦すずろに臥し沈みなやみて、色かたちも変はりゆくを、一の大臣おほきに驚き嘆きて、修法[6]・読経[7]など騒ぎ給へども、よろしうなるけぢめもなし。

「いかなれば、かくはおはするぞ」と嘆き給ふに、「日本の中納言の琴弾き遊び給はんを見侍らばや。それにや、いささか心地まぎるると。そこはかとなく、おどろおどろしく苦しき事は侍らねど、ただ埋もれいたく心地のむつかしきを」と答へ給ふに、父の大臣「まことにかの人を見れば、病ひも止み、命も延びぬべき様し給へる人⑧なり。いとかしこく思し寄りたり。われ迎へ奉らん」とて、花盛りいとおもしろきに、輝くばかりしつつ、中納言のおはする高層[8]にまうで給へり。

（『浜松中納言物語』）

語注

1 **他国**＝中納言は唐の国に渡り厚遇されている。
2 **気色**＝機嫌。
3 **いつきかしづき給ふ**＝大切に育て養いなさっている。
4 **とせい**＝唐の地名。
5 **御幸**＝上皇・法皇・女院の外出を指す尊敬語。ここでは、唐の国の皇帝の「お出かけ」。
6 **修法**＝災害などを避けるための加持・祈禱。
7 **読経**＝声を上げて経文を読むこと。
8 **高層**＝高い建物。

(1)☆ 傍線部①・②・⑥の古語としての読みを答えよ。（10点×3）

①（　　　）　②（　　　）　⑥（　　　）

(2)☆ **傍線部③・④の解釈として最も適切なものを次から選び、記号で答えよ。**（10点×2）

③（　　）④（　　）

③ **ア** 少しも苦情が出ないこと　**イ** 言葉にできないくらいすばらしいこと
ウ 言うに足りないくだらないこと　**エ** とてもひとには言えないこと

④ **ア** 便りが来ないようにしよう　**イ** 都合が悪いだろうよ
ウ 差し障りがないだろうね　**エ** 気の毒ではないか

(3) **傍線部⑤・⑧の文法的な説明として最も適切なものを次から選び、記号で答えよ。**

（10点×2）⑤（　　）⑧（　　）

ア ラ行四段動詞　**イ** 形容動詞語尾　**ウ** 断定の助動詞
エ 伝聞の助動詞　**オ** 推定の助動詞

(4) **傍線部⑦とあるが、大臣のむすめがそのようになった理由として最も適切なものを次から選び、記号で答えよ。**（30点）（　　）

ア 中納言の琴の音を聞いて心引かれているのに、会うことができなくてつらいから。
イ 中納言と恋をしているのに、彼はやがて日本に帰ってしまうことが悲しいから。
ウ 中納言を見て恋心を覚えたが、かなえることも中納言をとどめることもできないから。
エ 中納言と紅葉の賀の御幸で親しくなったが、中納言がその後会ってくれないから。

［中央大―改］

○読解のポイント

(1)「さらに知っておこう」を参照。
(2)④「便なし」は「具合が悪い」。
(3)⑤直前の「事悪しく」は「事態が悪く」の意味で、形容詞「悪し」の連用形に接続している。
(4)⑧「人」という**体言に接続**している。
次の段落の大臣と娘の会話に注目する。

出典紹介

■「浜松中納言物語」について

作り物語。十一世紀半ばの成立とされる。作者は菅原孝標女（すがわらのたかすえのむすめ）とされるが未詳。夢のお告げを信じて唐に渡った浜松中納言の、遂げられぬ恋を描いている。夢の記述が多く、また、転生（生まれ変わり）が物語の展開に深く関与する。神秘的・幻想的な中編物語である。

さらに知っておこう

覚えておきたい古語の読み（意味も調べておこう。）

前栽（せんざい）・上達部（かんだちめ）・殿上人（てんじやうびと）・宿直（とのゐ）・几帳（きちやう）・乳母（めのと）・直衣（なほし）・御簾（みす）・大臣（おとど）・去年（こぞ）・指貫（さしぬき）・蔵人（くらうど）・主殿司（とのもりづかさ）・遣水（やりみづ）・直垂（ひたたれ）・透垣（すいがい）・御随身（みずいじん）・上﨟（じやうらふ）・宿世（すくせ）・舎人（とねり）・内裏（うち・だいり）・君達（きんだち）・除目（ぢもく）

06 古文特有の表現 ①

時間 20分　合格 70点　得点　　点

月　日

解答 ➡ 別冊6ページ

①清げなる大人二人ばかり、さては童べぞ出で入り遊ぶ。中に「十ばかりにやあらむ」と見えて、[1]白き衣山吹などのなえたる着て、走り来たる[2]女ご、あまた見えつる子どもに似るⓐべうもあらず、[3]いみじく生ひ先見えて②美しげなるかたちなり。髪は扇を広げたるやうにゆらゆらとして、顔はいと赤くすりなして立てり。

「何ごとぞや。童べと[4]腹だちⓑ給へるか」

とて尼君の見あげたるに、少しおぼえたる所あれば、「[5]子なめり」と見給ふ。

「雀の子を[6]犬君が逃しつる。[7]伏籠のうちに籠めたりつるものを」

とて「いと口惜し」と思へり。このゐたる大人、

「例の[8]心なしの、かかるわざをして[9]嘖まⓒるるこそ、いと心づきなけれ。いづかたへかⓓまかりぬる。いとをかしう、やうやうなりつるものを。烏などもこそ見つくれ」

とて起ちてゆく。

（「源氏物語」）

(1) 傍線部①と②は現代語とは違う意味であるが、それぞれどんな現代語にあたるか。どちらも一つの形容する語で答えよ。（10点×2）

①（　　　　）　②（　　　　）

(2) 傍線部ⓐはもとの形が変化した形である。もとの形はどうか。またⓐのその変化をなんというか、それぞれ答えよ。（10点×2）

もとの形（　　　　）　変化（　　　　）

語注

1 **白き衣山吹などのなえたる**＝白い下着に山吹がさねなどの着ならしたもの。
2 **女ご**＝この少女が、後の紫の上。
3 **いみじく生ひ先見えて**＝とても成長後の美しさがうかがわれて。
4 **腹だち**＝怒って責めること。
5 **子なめり**＝子どもなのだろう。
6 **犬君**＝召し使いの女童の名前。
7 **伏籠**＝香炉や火鉢の上にかぶせ、衣をかけて香をたきしめたりする竹の籠。
8 **心なし**＝心なき者の意。無分別者。不注意者。
9 **嘖まるる**＝とがめられる。

読解のポイント

(1) 「清げなり」は、美一般を表す形容動詞。「美しげなり」は、小さいものに対する愛が原義である。

(2) 音便の一種である。**ウ音便・イ音便・促音便・撥音便**の四種ある。

(3)☆ **文中で「こそ」以外の語を用いた係り結びの部分を二つ抜き出せ。それぞれ係助詞を上に、結びの語を下に書くこと。**（完答8点×2）

（　　）……（　　）　（　　）……（　　）

(4) **傍線部ⓑ・ⓓを文法上から説明した次の文中の空欄には、どんな語を入れるのが正しいか、それぞれ漢字二字で答えよ。**（4点×6）

ⓑ 動詞の[A]形について[B]の意を添える[C]動詞である。

ⓓ [D]の高い人のいる所から[E]する意の[F]語でここは本動詞である。

ⓑ	A	B	C
ⓓ	D	E	F

(5) **傍線部ⓒの文法的意味は何か、漢字で答えよ。**（20点）

［東海大］

（　　）

(3) 「さらに知っておこう」を参照。

(4) ⓑ・ⓓとも、敬意を表す語。ⓓの反対語は「まゐる（参る）」。

出典紹介

■「源氏物語」について

五十四帖からなる長編物語。紫式部作。十一世紀初めの成立。主人公光源氏の生涯を語る前編と、その子薫の半生を語る後編（宇治十帖ともいわれる）よりなる。登場人物は三百名を超え、心理分析も精緻で、古典文学の最高傑作とされる。

さらに知っておこう

係り結びの法則

こそ……已然形で結ぶ　花こそ咲きしか　**（強意）**＝最も強い

ぞ・なむ・や・か……連体形で結ぶ

花ぞ咲きし　**（強意）**＝中ぐらい

花なむ咲きし　**（強意）**＝ゆるやか

花や咲きし　**（疑問・反語）**

花か咲きし　**（疑問・反語）**

①**「こそ―已然形」**があとに続く場合、逆接の意でつながることが多い。

例 中垣こそあれ、一つ家のやうなれば、

②**「にや・にか」**が文末にある場合は、あとに**「あらむ」**を補うとよい。

例 世に語り伝ふること、まことはあいなきにや、……

③**「とぞ・となむ・とや」**とあったら、**「いふ」**を補うとよい。

例 飼ひける犬の、暗けれど、主を知りて、飛びつきたりけるとぞ。

④活用語で終止せずに、接続助詞などがついて文が続く場合、結びは消滅する。

例 たとへ耳鼻こそ切れ失すとも、命ばかりはなどか生きざらん。

（「とも」が終止形接続であるので已然形になっていない。）

07 古文特有の表現 ②

時間 20分　合格 70点　得点 　　点

月　日

解答 ➡ 別冊7ページ

延喜[1]の、世間の作法したためさせたまひしかど[2]、過差[3]をば①えしづめさせたまはざりしに、この殿[4]、制を破りたる御装束の、ことのほかにめでたきをして[5]、内裏に参りたまひて、殿上[6]にさぶらはせたまふを、帝、小蔀[7]より御覧じて、②御気色いとあしくならせたまひて、職事[8]を召して、「世間の過差の制きびしき頃、左のおとどの、一の人といひながら、美麗ことのほかにて参れる、③便なきことなり。はやくまかり出づべきよし[9]仰せよ」と仰せられければ、承る職事は、「いかなることにか」と怖れ思ひけれど、参りて、④わななくわななく、「しかじか」と申しければ、いみじく驚き、かしこまり承りて、御随身[10]の御先参る[11]も制したまひて、急ぎまかり出でたまへば、⑤御前どもあやしと思ひけり。さて、本院[12]の御門一月ばかり鎖さⓐせて、御簾の外にも出でたまはず、人などの参るにも、「勘当の重ければ」とて、会はせたまはざりしにこそ、世の過差はたひらぎたりし[13]かⓑ。内々によく承りしかば、さてばかりぞしづまらむ[14]とて、帝と御心あはせさせたまへりけるとぞ。

（『大鏡』）

(1)☆ **傍線部①を現代語訳せよ。**（15点）

（　　　　）

(2) **次の問いに答えよ。**（15点×2）

(i) 傍線部②を現代語訳せよ。（　　　　）

(ii) また、なぜ「御気色いとあしくなら」れたのか、その理由を答えよ。

（　　　　）

語注

1 **延喜**＝醍醐天皇。
2 **したためさせたまひしかど**＝取り締まりなさったけれど。
3 **過差**＝度を越えた贅沢。
4 **この殿**＝左大臣、藤原時平。
5 **めでたきをして**＝立派な装束を身につけて。
6 **殿上**＝清涼殿の南廂にある、殿上の間。
7 **小蔀**＝殿上の間にある、蔀のある小窓。
8 **職事**＝蔵人のこと。
9 **まかり出づべきよし**＝退出せよという旨。
10 **御随身**＝高貴な人に朝廷が与えた護衛。
11 **御先参る**＝貴人が外出する時、前方の通行人を追い払うこと。
12 **本院**＝時平の邸。
13 **たひらぎたりしか**＝おさまった。
14 **さてばかりぞしづまらむ**＝そのようにしてはじめて(世の中の贅沢が)しずまるだろう。

読解のポイント

(1) 「さらに知っておこう」を参照。
(2) (i) 「あし」は、現代語の「悪い」にあたる。

(3) **傍線部③を現代語訳せよ。**（15点）

（　　　　　　　　　　）

(4) **傍線部④に「職事」が「わななくわななく」「申し」たとあるが、その理由として最も適切なものを次から選び、記号で答えよ。**（10点）（　　）

ア 帝がひどく怒っていたから。　**イ** 帝の命令は筋が通っていなかったから。

ウ 左大臣が怒ると思ったから。　**エ** 左大臣の態度が立派だったから。

オ 左大臣にたくらみがあると思ったから。

(5) **傍線部⑤に「御前ども」が「あやしと思」ったとあるが、その理由を答えよ。**（12点）

（　　　　　　　　　　）

(6)☆ **傍線部ⓐ・ⓑの助動詞の(i)意味と、(ii)終止形と、(iii)活用形を答えよ。**（3点×6）

ⓐ (i)（　　）(ii)（　　）(iii)（　　）

ⓑ (i)（　　）(ii)（　　）(iii)（　　）

〔白百合女子大〕

(ii)「この殿」が、どのような格好で参内してきたかを考える。

(4) 「わななく」は、わなわなとふるえること。直前の「怖れ思ひけれど」と合わせて考える。

(5) 直前の表現から判断できる。

(6) ⓑは、係助詞「こそ」の結びとなっている。

出典紹介

■「大鏡」について

歴史物語で、作者未詳。十一世紀終わりごろの成立とされる。文徳天皇から後一条天皇まで十四代の歴史を紀伝体にし、大宅世継（おおやけのよつぎ）と夏山繁樹（なつやまのしげき）との対話による戯曲的構成で展開。藤原道長を中心に藤原氏全盛時代の歴史を描いているが、批判的な内容もみられる。いわゆる「四鏡」の最初の作品。

さらに知っておこう

呼応（陳述）表現

- え――打消＝……することができない。　例 え答へず
- さらに――打消＝決して……ない。　例 さらに許させ給はず
- な――そ＝……してくれるな。　例 雲なかくしそ
- ゆめ――禁止＝決して……な。　例 ゆめこの雪落とすな
- よも――（じ・まじ）＝まさか……ないだろう。　例 よも行かじ

08 古文特有の表現③

時間 20分　合格 70点　得点　　点

月　日

解答 ➡ 別冊8ページ

（筑紫の人が乗った舟に虎が飛びかかったが、舟は間一髪で逃れ、虎は海に落ちた。）

舟を漕ぎて急ぎて行くままに、この虎に目をかけて見る。暫しばかりありて、虎、海より出で①来ぬ。泳ぎて陸ざま[1]にのぼりて、汀に平なる石の上にのぼるを見れば、左の前足を、膝より嚙み食ひ切られて、血あゆ[2]。鰐[3]に食ひ切られたるなり②けりと見る程に、その切れたる所を水に浸して、平がり[4][Ⅰ]を、③いかにするにかと見る程に、沖の方より、鰐、虎の方をさして来ると見る程に、虎、右の前足をもて、鰐の頭に爪をうち立てて、陸ざまに投げあぐれば、一丈[5]ばかり浜に投げあげられぬ。のけざまに[6]なりてふためく。頤[7]の下を躍りかかりて食ひて、二度三度ばかりうち振りて、なよなよとなして、肩にうちかけて、手を立てたるやうなる岩の五、六丈あるを、三つの足をもて、下り坂を走るがごとくのぼりて行けば、舟の内なる者ども、これが仕業を見るに、④なからは死に入りぬ。舟に飛びかかりたら[Ⅱ]ば、いみじき剣、刀を抜きてあふとも、かばかり力強く[Ⅲ]むには、⑤何わざをすべきと思ふに、肝心失せて、舟漕ぐ空[8]もなくてなむ、筑紫には帰り[Ⅳ]とかや。

（「宇治拾遺物語」）

(1) [Ⅰ]には「をり」、[Ⅱ]には「まし」、[Ⅲ]には「早し」、[Ⅳ]には「けり」を活用させた語が入る。適切に活用させて答えよ。（10点×4）

Ⅰ（　　　）　Ⅱ（　　　）

Ⅲ（　　　）　Ⅳ（　　　）

(2) 傍線部①の漢字の読みを平仮名で答えよ。（10点）

（　　　）

語注

1 **陸ざま**＝陸の方。
2 **あゆ**＝流れ出る。
3 **鰐**＝鮫（サメ）。
4 **平がり**＝平たく伏し。
5 **一丈**＝約三メートル。
6 **のけざまに**＝あおむけに。
7 **頤**＝あご。
8 **空**＝心地。

読解のポイント

(1) Ⅰ助詞「を」は**連体形に接続**する。
Ⅱ「まし」は反実仮想の助動詞。
Ⅲ「早し」は形容詞。「む」は推量の助動詞なので、「早し」は**補助活用**をする。
Ⅳ前に係助詞の「なむ」がある。

(2) 「来」の活用を考える。

(3)☆ 傍線部②と同じ意味・用法の「けり」が使われている文を次から選び、記号で答えよ。（20点）（　）

ア 身をえうなき物に思ひなして、京にはあらじ、東の方に住むべき国もとめにとて行きけり

イ 八重葎（むぐら）しげれる宿のさびしきに人こそ見えね秋は来にけり

ウ いとやむごとなききはにはあらぬが、すぐれて時めき給ふありけり

エ 野山にまじりて竹を取りつつよろづの事に使ひけり

(4)☆ 傍線部③〜⑤の解釈として最も適切なものを次から選び、記号で答えよ。（10点×3）③（　）④（　）⑤（　）

③ **ア** どうしようか　**イ** どうするつもりか　**ウ** どうすればいいか　**エ** どうなってしまうか

④ **ア** 半分の者は息絶えた　**イ** ほとんど気絶しそうだった　**ウ** あやうく死にそうだった　**エ** 途中で気を失った

⑤ **ア** どうしたらよいか　**イ** どうしなければならないか　**ウ** どうすることもできない　**エ** どうにかするはずだ

［学習院大―改］

(3) 「けり」の意味は過去か詠嘆。

(4) ③ **「さらに知っておこう」**を参照。

④実際には襲われていない点に注目する。「死に入る」は死ぬのではなく、それに似た状態になること。

⑤「や・か」はないが、**反語**で考える。

出典紹介

■**「宇治拾遺物語」について**

説話集。十三世紀前半の成立とみられる。編者は未詳。全一九七話からなり、仏教説話や民間説話など、幅広いジャンルの話がある。現代でも知られている話も多く、代表的な説話集である。

さらに知っておこう

疑問・反語の表現

・**や・か**＝係助詞の「や・か」は、疑問または反語の意を表す。

例 さることやありし（そういうことがあったのか）

・**やは・かは**＝「やは・かは」は、反語を表すことが多い。

例 物見て何にかはせむ（儀式を見て何になろうか、いやならない）

・**いかで・いかが**＝「いかで・いかが」のように、「か」を伴わないで、疑問・反語を表す語がある。「いかで」は、「なんとかして」と願望を表すのが本来の用い方。

例 いかで月を見ではあらむ（どうして月を見ないでいられようか）

09

古文読解の基礎 ①

時間 20分　合格 70点　得点　　点

月　日

解答 別冊9ページ

かの武能(たけよし)も、その[1]道の上手(じやうず)なりけるに、誰(たれ)にかおはしけむ、[2]一の人、「誰に習ひたるぞ」と①問はせたまひければ、「道の者にもあらぬ法師とか、よくⓐ習ひたる者ありけるになむ伝へてはべる」など申しければ、「なお時光(ときみつ)が弟子になるべきなり」と仰(おほ)せうけたまはりて、[3]名簿(みやうぶ)書きて、かれが家に②至りて、「それがし参りたり」と③言はせければ、「[4]挑みて、年ごろかやうにも見えぬもの」とて、④驚きて呼び入れければ、時光、[5]放(はな)ち出(い)でに笛つくろひてゐたりけるに、武能、庭にゐてのぼらざりければ、袖(そで)の端を引きてのぼせて、「いかに」と問ひければ、「殿の仰せにて御弟子に参りたるなり」と言へば、いとⓑ心ゆきて、「ⓒ何をか習ひたまふべき」と言ふに、「[6]大食調(たいしきでう)の入調(にふでう)なむ。まだ知らぬものにて、うけたまはらむと思ひたまふる」と言ふに、気色変はりて、[7]太郎子(たらうご)にはべりける公里(きんさと)が前なりけるを、「この童(わらは)に教へはべりてのちにこそ、ⓓこと人には授けたてまつらめ。これはたちまちに[8]おぼし寄るまじきこと」と言ひければ、「この君伝へられむこと、たちまちのことにあらじ」とて、名簿取り返して、年経けるのち、[9]心深くうかがひて、聞かむとするなりけり。

昔のものの師は、かくなむ心深くて、［　　］。

（「今鏡(いまかがみ)」）

(1) **二重傍線部①～④の主語は誰か。次からそれぞれ選べ。**（5点×4）

ア 武能　イ 武能の供の者　ウ 一の人　エ 一の人の家来

オ 時光　カ 時光の家の門番

①（　　）②（　　）③（　　）④（　　）

(2) **傍線部ⓐ・ⓒの現代語訳としてふさわしいものを、次からそれぞれ選べ。**（15点×2）

語注

1 **その道**＝笙(しやう)の笛の道。

2 **一の人**＝摂政・関白のこと。

3 **名簿**＝家臣や門弟になるときなどにさし出す、姓名・官位などを記した札(ふだ)。

4 **挑みて**＝競争心をもって。

5 **放ち出で**＝寝殿造りで、母屋(もや)から続けて外へ建て増しした建物。

6 **大食調の入調**＝雅楽(ががく)の調べの名。

7 **太郎子にはべりける**＝長男でありました。

8 **おぼし寄る**＝心が引かれなさる。

9 **心深くうかがひて**＝思慮深く様子をさぐって。

読解のポイント

(1) 「さらに知っておこう」を参照。武能は、誰に言われて誰の家に行ったのか。前半の流れをつかむ。

(2) ⓐ「誰に習ひたるぞ」という問いに対する答えであることから考える。

ⓒ二人の会話のやりとりから考える。

ⓐ
ア 練習している人がいた、その人に教えております
イ 習得している人がいた、その人に教わっております
ウ 教えてくれた人がいた、その人に教わっております
（　　）

ⓒ
ア 何をお習いになるつもりか
イ なぜお習いになるのだろうか
ウ 何もお習いする必要がないではないか
（　　）

(3)☆ 傍線部ⓑ・ⓓの意味としてふさわしいものを、次からそれぞれ選べ。（15点×2）

ⓑ ア 安心し　イ 警戒し　ウ 配慮し　エ 満足し　オ 早合点し

ⓓ
ア 熱心な人　イ 年長の人　ウ 師事する人
エ 雅楽の道の人　オ ほかの人

ⓑ（　　）ⓓ（　　）

(4)☆ □に入る語としてふさわしいものを、次から一つ選べ。（20点）

ア うかがひて聞きし　イ たはやすくも授けける
ウ なかなか挑みつる　エ うかがひて聞かざりし
オ たはやすくも授けざりける　カ なかなか挑まざりつる

（　　）

［國學院大―改］

(3) ⓓ前後の流れから「こと人」を漢字で書くとどうなるか。

(4) 結局、武能は教えてもらえたのか、教えてもらえなかったのか。大きな流れをまずつかんだ上で考える。

出典紹介

■「今鏡」について

歴史物語で、作者未詳。一一七四年以降の成立。「大鏡」からはじまるいわゆる「四鏡」の二番目の作品で、後一条天皇から高倉天皇までの約一五〇年間の歴史を紀伝体で記している。「大鏡」に登場した大宅世継の孫娘が語る形式で物語が展開していく。

さらに知っておこう

・**会話主や動作主の判定**
会話のあとの動詞に注目する
会話文のあとの動詞に用いられている敬語の有無やその度合いが、会話主を決めるポイントとなる。例えば本単元の文では、「一の人」の会話のあとに「問はせたまひければ」と、最高級の敬語が使われている。

・**省略された主語は、その場面の人物を正確におさえる**
会話主や動作主を判定する場合、まずその場面で誰と誰が登場しているかを正確におさえた上で、それぞれの動詞が誰の会話や動作であるか順を追って読み解いていくこと。

10 古文読解の基礎 ②

時間 20分　合格 70点　得点　　点

解答 別冊10ページ

月　　日

[1]今井四郎、木曾殿、ただ主従二騎になつて①のたまひけるは、「日ごろは何ともおぼえぬ鎧が、けふは重うなつたるぞや。」今井四郎申しけるは、「②御身もいまだ疲れさせ給はず、御馬も弱り候はず。何によつてか[2]一領の御着背長を重うはおぼしめし候ふべき。それは御方に御勢が候はねば、臆病でこそさはおぼしめし候へ。兼平一人候ふとも、余の武者千騎とおぼしめせ。矢七つ八つ候へば、しばらく[3]ふせぎ矢つかまつらん。あれに見え候ふ、[4]粟津の松原と申す。あの松の中で御自害候へ。」とて、ⓐうつて行くほどに、またあら手の武者五十騎ばかり出できたり。「君はあの松原へ入らせ給へ。兼平はこの敵ふせぎ候はん。」と③申しければ、木曾殿のたまひけるは、「義仲都にて[5]いかにもなるべかりつるが、これまでのがれくるは、汝と一所で死なんと思ふためなり。ところどころでうたれんよりも、ひとところでこそ討死をもせめ。」とて、馬の鼻を並べて駆けんとしたまへば、今井四郎馬よりとびおり、主の馬の口にⓑとりついて申しけるは、「弓矢取りは年ごろ日ごろいかなる[6]高名候へども、最期の時[7]不覚しつればながき[8]疵にて候ふなり。④御身は疲れさせ給ひて候ふ。つづく勢は候はず。敵に押しへだてられ、いふかひなき人の郎等にくみ落されさせ給ひて、うたれさせ給ひなば、『さばかり[9]日本国にきこえさせ給ひつる木曾殿をば、それがしが郎等のうちたてまつたる』なんど⑤申さん事こそⓒ口惜しう候へ。ただあの松原へ入らせ給へ。」と申しければ、木曾「さらば」とて、粟津の松原へぞ駆け給ふ。

（『平家物語』）

語注

1 **今井四郎**＝木曾義仲の乳母子。義仲最愛の家臣。
2 **一領の御着背長**＝「領」は鎧を数える単位。「着背長」は大将の着る鎧。
3 **ふせぎ矢**＝敵の接近を防ぐために射る矢。
4 **粟津**＝滋賀県大津市粟津町。
5 **いかにもなるべかりつる**＝どのようにでもなるはずであった。
6 **高名**＝立派な手柄。
7 **不覚**＝ここでは、たいしたこともない者に討たれることをいう。
8 **ながき疵**＝末代までの不名誉。
9 **日本国にきこえさせ給ひつる**＝日本国中で有名でいられた。

(1) **傍線部①・③・⑤の主語を次から選び、それぞれ記号で答えよ。**（10点×3）

①（　　）　③（　　）　⑤（　　）

読解のポイント

(1) 敬語には、**尊敬**と**謙譲**と**丁寧**の三種類がある。ここでは、尊敬と謙譲が用いられており、二人の関係から判断する。

ア 御方　イ 今井四郎　ウ いふかひなき人
エ 木曾殿　オ 郎等

(2)☆ 二重傍線部ⓐ〜ⓒは、音便化しているものである。それぞれの音便は、Aウ音便、Bイ音便、C促音便、D撥音便のどれか。記号で答えよ。（10点×3）

ⓐ（　）ⓑ（　）ⓒ（　）

(3)☆ 傍線部②と④は、全く反対のことを言っている。同じ今井四郎の言葉なのにどうして矛盾したことを言っているのか。それぞれどのような意図から発せられた言葉であるか、簡潔に説明せよ。（20点×2）

②（　　　　）

④（　　　　）

(2) **促音便**は、つまる音「つ」となるもの。**撥音便**は、ン音に転じるもの。

(3) 言葉を言ったときの状況を考え、その心情をつかむこと。

出典紹介

■「平家物語」について

軍記物語。十二巻で、十三世紀前半成立。作者は未詳。平曲として、琵琶(びわ)法師によって語られた。平家一門の興亡を描いた作品。無常観が基調となっているが、武士階級の力強いエネルギーがあふれている。和漢混交文で書かれており、後世の文学に大きな影響を与えた。本問の文は、「木曾の最期」の一部。

さらに知っておこう

✓登場人物の把握

・**登場人物の関係をつかむ**

登場人物の関係(親子・夫婦・兄弟姉妹・主従など)をはっきりさせることが文脈の把握につながる。本単元の文では主従関係。

・**同一人物でもさまざまな呼び方をされる**

同一人物を別称で呼ぶことがある。例えば本単元の文では、「今井四郎」を別称「兼平」と呼んでいるし、「木曾殿」のことを「君」や「主」という言い方で表現している部分がある。

・**登場人物は官職名などで呼ばれることが多い**

登場人物は官職名や特別な呼称で呼ばれることがあるので注意したい。例えば、「大鏡」で「入道殿」とあれば、藤原道長のことであるし、「枕草子」で「宮」といったら中宮定子のことである。

古文読解の基礎 ③

時間 20分　合格 70点　得点 　点

月　日

解答 別冊11ページ

成方（なりかた）という笛吹ありけり。御堂入道殿（みだうにふだう）[1]より、大丸といふ笛をたまはりて、吹きけり。めでたきもの[2]なれば、伏見修理太夫俊綱朝臣（ふしみのすりのだいぶとしつなのあそん）[3]ほしがりて、「千石（せんごく）[4]に買はむ」とありけるを、**A**売らざりければ、たばかりて[5]、使（つかひ）をやりて、売るべきのよしいひけり。そらごとを**B**いひつけて、成方を召（め）して、「笛得させむといひける、本意（ほい）なり[6]」と**C**よろこびて、「あたひは乞（こ）ふによるべし」とて、「ただ買ひに買はむ」といひければ、成方、色を失ひて、「①さること申さず」といふ。

この使を召し迎へて、尋（たづ）ねらるるに、「まさしく申し候ふ」といふほどに、俊綱大きに怒りて、「人をあざむき、すかすは、その咎（とが）、軽（かろ）からぬことなり」とて、雑色所（ざふしきどころ）[7]へ下（くだ）して、木馬[8]に乗せむとするあひだ、成方いはく、「身の暇（いとま）をたまはりて、この笛を持ちて参るべし」といひければ、人をつけて遣はす。

②帰り来て、腰より笛を抜（ぬ）きいでていふやう、「このゆゑにこそ、かかる目は見れ[9]。情けなき笛なり」とて、軒のもとに下（お）りて、石を取りて、灰のごとくに打ちくだきつ。

太夫、笛を取らむと思ふ心の深さにこそ、さまざま③かまへけれ。今はいふかひなければ[10]、いましむるに及ばず[11]して、追ひ放ちにけり。

のちに聞けば、あらぬ笛[12]を、大丸とて打ちくだきて、もとの大丸はささいなく吹き行きければ、太夫の④をこにてやみにけり。⑤はじめはゆゆしくはやりごちたりけれど、つひにいだしぬかれにけり。

（『十訓抄（じっきんしょう）』）

(1) **傍線部A〜Cの動作の主体は誰か。文中から抜き出せ。**（5点×3）

A（　　　）　B（　　　）　C（　　　）

語注

1 **御堂入道殿**＝藤原道長のこと。
2 **めでたきもの**＝すばらしいもの。
3 **伏見修理太夫俊綱朝臣**＝関白藤原頼通（よりみち）の子。
4 **千石**＝米千石。一石は一升の百倍。
5 **たばかりて**＝計略をめぐらして。
6 **本意なり**＝かねてからの望みである。
7 **雑色所**＝雑役をつとめる下僕の詰所。
8 **木馬**＝馬の形をした拷問具。
9 **かかる目は見れ**＝このような目にあうのだ。
10 **いふかひなければ**＝どうしようもないので。
11 **いましむるに及ばず**＝罰するにも及ばない。
12 **あらぬ笛**＝違った笛。大丸とは違う笛。

(2)☆ **傍線部①「さること」とはどういうことか。説明せよ。**(20点)

（　　　　）

(3) **傍線部②「帰り来て」は、誰がどこに帰ってきたのか。説明せよ。**(5点×2)

（　　　　）が（　　　　）に帰ってきた。

(4) **傍線部③「かまへけれ」は、文中ではどのような意味か。次から一つ選べ。**(15点)

ア 手を出したのだった　**イ** 世話を焼いたのだった　**ウ** 身構えたのだった

エ たくらみごとをしたのだった　**オ** 組み立てたのだった　（　　）

(5) **傍線部④「をこ」の意味を答えよ。**(15点)

（　　　　）

(6)☆ **傍線部⑤「はじめはゆゆしくはやりごちたりけれど、つひにいだしぬかれにけり」を、動作の主体を明示して現代語訳せよ。**(25点)

（　　　　）

〔立教大〕

読解のポイント

(1) 大丸という笛を持っていたのは誰で、それを誰が欲しがっていたのかをおさえるとよい。

(2) 「さらに知っておこう」を参照。「申さず」とあることから、どの部分を直接指しているかを考える。

(3) 前の段落の内容をおさえるとよい。

(6) 「ゆゆし」は程度の甚だしいさま。「はやりごち」の「はやる」は、勇み立つ。「ごち」は接尾語。また、誰に「いだしぬかれ」たのかを考える。

出典紹介

■「十訓抄」について

5ページに既出。本問の文は、巻七の二十五。

さらに知っておこう

〉指示語の内容をつかむ

・さまざまな指示語

こ・そ・か(代名詞)　さ・かく・しか(副詞)

さる・かかる(連体詞)　さりければ・かかれど(その他)

・指示語の具体的内容の位置

「さ・かく・しか」などの指示内容は、一般にそれより前に出てきた語句や前の文中にあることが多い。

・指示内容の指摘の仕方

指示内容の指摘は、指示語に代入できる核心部だけとする。指示語の部分に代入してみて、文脈が通るかどうか確認してみること。

12 古文読解の基礎 ④

時間 20分　合格 70点　得点　点

月　日

解答 別冊12ページ

ⓐ老い来りて、初めてⓑ道を行ぜむと待つことなかれ。古き墳、多くはこれ少年の人なり[1]。計らざるに病を受けて、たちまちにこの世を去らむとする時にこそ、初めて過ぎぬるかた[2]の誤れることは知らるなれ[3]。誤りといふは、他のことにあらず、①すみやかにすべきことを緩くし、②緩くすべきことを急ぎて、過ぎにしことの悔しきなり。その時悔ゆともかひあらんや[4]。

人はただ、ⓒ無常の身に迫りぬることを心にひしとかけて[5]、つかの間も忘るまじきなり。さらば[6]、などかこの世の濁りも薄く、仏道を勤むる心もまめやかならざらむ[7]。

「昔ありけるひじりは、人来りて、ⓓ自他の要事を言ふ時、答へていはく、『今、火急のことありて、すでに朝夕に迫れり』とて、耳をふたぎて念仏して、つひに往生を遂げけり」と禅林の十因[8]にはべり。心戒[9]といひけるひじりは、あまりにこの世のかりそめなることを思ひて、静かについゐける[10]ことだになく、常はうずくまりてのみぞありける。（徒然草）

(1) **二重傍線部ⓐ〜ⓓの解釈として適切なものを、次からそれぞれ選べ。**（10点×4）

ⓐ（　）ⓑ（　）ⓒ（　）ⓓ（　）

ⓐ
ア 老いさらばえて
イ 老人がやってきて
ウ 年をとってから

ⓑ
ア 仏道を修行しよう
イ 道を歩いていこう
ウ 道を進むのをやめよう

ⓒ
ア 定まらない身の上に迫ってくる運命
イ 僧侶であるこの身に迫ってくること
ウ 死がすでに身に迫っていること

ⓓ
ア お互いの大切な用事
イ わがままな要求
ウ 世の中の重大事件

語注

1 **少年の人なり**＝年少で死んだ人の墓である。
2 **過ぎぬるかた**＝過ぎ去ってしまった時間や期間。
3 **知らるなれ**＝自然とわかるようだ。「る」は自発の助動詞「る」の終止形。「なれ」は伝聞・推定の助動詞「なり」の已然形。
4 **悔ゆともかひあらんや**＝後悔しても何の効果があろうか。
5 **心にひしとかけて**＝心にしっかりとおいて。
6 **さらば**＝そうであるならば。
7 **などかこの世の濁りも薄く、仏道を勤むる心もまめやかならざらむ**＝「などか」は、「どうして…でないだろうか、いや…である」の反語の意。「などか」は、対等の関係にあるあとの「薄く」と「まめやかなら」の両方に係り、「ざらむ」も二つを受けている。
8 **禅林の十因**＝京都禅林寺の永観が著した「往生十因」のこと。
9 **心戒**＝平宗盛の養子で、平氏滅亡後に出家した。
10 **ついゐける**＝ちょっとすわること。

(2) **傍線部①「すみやかにすべきこと」・②「緩くすべきこと」の具体的内容として適切なものを、次からそれぞれ選べ。**（10点×2）

ア 老いること　**イ** 病気になること　**ウ** この世を去ること
エ 仏道修行をすること　**オ** 世俗的な雑事をすること

①（　　）②（　　）

(3)☆ **この文の主旨と共通するものを、次から二つ選べ。**（20点×2）

ア すこしのことにも、先達はあらまほしきことなり。
イ 世に語り伝ふること、まことはあいなきにや、多くはみなそらごとなり。
ウ 名利につかはれて静かなるいとまなく、一生を苦しむるこそおろかなれ。
エ 大事を思ひ立たむ人は、さりがたく心にかからむ事の本意をとげずして、さながら捨つべきなり。
オ 人はおのれをつづまやかにし、おごりを退けて財を持たず、世をむさぼらざらむぞ、いみじかるべき。
カ 一事を必ず成さむと思はば、他のことの破るるをもいたむべからず。人のあざけりをも恥づべからず。万事にかへずしては、一の大事成るべからず。

〔久留米大―改〕

（　　）（　　）

読解のポイント

(1) 傍線部分のみで考えるのではなく、**文脈をたどりながら判断**する。ⓑ「道」と「行」が用いられているところから考える。ⓒ「無常」はここでは何を意味しているか。

(2) ①は冒頭の一文との関連から考える。②は①と対照的な内容のものを指す。

(3) 「さらに知っておこう」を参照。筆者は最も大切なことは何で、そのためにどうすべきであると言っているかを考える。

出典紹介

■**「徒然草」について**
9ページに既出。本問の文は、第四十九段。

さらに知っておこう

主題のとらえ方

・**文の冒頭に主題が示されている場合（頭括型）**
冒頭の一文に主題が示されている場合があるので注意しよう。特に「徒然草」は、**頭括型**が多い。他に「方丈記」の冒頭文、「平家物語」の冒頭文、「枕草子」の「〜もの」で始まる文にも注意。

・**文末に主題が示されている場合（尾括型）**
評論や論説的な作品では**尾括型**の文が圧倒的に多い。「徒然草」には、この型も多く見られる。また、説話文学などもこの型で、教訓的な主題を文末に置いている。

13 敬語 ①

時間 20分　合格 70点　得点　点

月　日

解答 別冊13ページ

（作者は堀河天皇付きの女房であったが、天皇の死後は幼い鳥羽天皇に仕えている。）

御前[1]の①臥させたまひたる御かたを見れば、②いはけなげにて大殿ごもりたるぞ、変はらせおはしましとおぼゆる。

一昨年[2]のころに、かやうにて夜昼御かたはら[3]にさぶらひしに、御心地やませたまひたりし、院[4]より、「あなかしこ[5]、よくつつしみて、夜の御殿[6]を出でさせたまはで、③しばし」と④申させたまひしかば、つれづれのままに、よしなし物語、昔今のこと、語り聞かせたまひしをり、殿の[7]あとのかたに寄り⑤たてまつらせたまひしかば、そのままにてさぶらはんは、なめげに[8]見苦しくおぼえしかば、起き上がりて退かんとせしを、⑥見えまゐらせじと思ふなめりとおぼして、「ただあれ[9]。几帳[10]作り出でん」とて、御膝を高くなして、陰に⑦隠させたまへりし御心のありがたさ、今の心地す。

（『讃岐典侍日記』）

(1)☆ 傍線部①・⑦について、敬語の種類と、誰の行為に対する敬意かをそれぞれ答えよ。（完答12点×2）

①（　　）（　　）（　　）

⑦（　　）（　　）（　　）

(2) 傍線部②とあるが、誰の様子か。人物の名前を答えよ。（12点）

（　　）

語注

1 御前＝仕えている貴人を指す言葉。

2 一昨年のころ＝堀河天皇崩御の前年。この年堀河天皇は病がちであったが、一時その病気が良くなることがあった。

3 御かたはら＝堀河天皇のおそば。

4 院＝白河法皇。堀河天皇の父帝で、堀河天皇の在位期に院政を行っていた。

5 あなかしこ＝禁止や依頼の表現を伴って「決して」の意を表す。

6 夜の御殿＝天皇の夜寝る部屋。

7 殿の＝関白藤原忠実が。関白が堀河天皇に言上することなどあって、背後から天皇のそば近くへ参上したのである。

8 なめげに＝失礼で。

9 ただあれ＝構わずに（そのままで）いなさい。

10 几帳＝室内で仕切りなどに用いた家具。

読解のポイント

(1)「さらに知っておこう」を参照。

(2) 現在の場面か回想の場面かに注意する。

(3)「夜の御殿」を出ないでどうしているのか。

(4)「さらに知っておこう」を参照。

(3) **傍線部③のあとにどのような言葉を補うのがよいか。現代語で答えよ。**（15点）

（　　　　　　　　　　）

(4)☆ **傍線部④・⑤について、敬語の種類と、誰に対する敬意を表しているかをそれぞれ答えよ。**（完答12点×2）

④（　　　　）（　　　　）に

⑤（　　　　）（　　　　）に

(5)☆ **傍線部⑥について、「思ふ」「おぼし」の主語を明確にしながら、現代語訳せよ。**（25点）

（　　　　　　　　　　）

［富山大―改］

(5) 「じ」は打消意志の助動詞。**誰の意志か**を考える。また、「おぼす」は「じ」の意志の主体とは別の人物の動作である。

出典紹介

■**「讃岐典侍日記」について**

日記。天仁二（一一〇九）年ごろの成立。作者は藤原長子で、藤原道綱の孫顕綱の娘。現存するものは上下二巻からなり、上巻は堀河天皇の発病から崩御までの日々の回想を、下巻は鳥羽天皇への再出仕の日々と折にふれての堀河天皇追慕の情を記している。また、天皇の死の様子が克明に描写されている。

さらに知っておこう

✓敬語の三つの種類

①尊敬語

話し手（作者）が、話題中の動作・状態の主体となる人に敬意を表すもの。

のたまふ（言ふ）　**聞こす**（聞く・食ふ・飲む）　**おはす・います**（あり・をり・行く・来）　**おぼす**（思ふ）　**奉る**（着る・乗る・食ふ・飲む）　**大殿ごもる**（寝）　**給ふ・たぶ**（与ふ）

②謙譲語

話し手が、話題の中の動作の受け手（対象）となる人に敬意を表すもの。

参る・まうづ（行く・来）　**まかる・まかづ**（退く・行く・来）　**奉る**（与ふ）　**聞こゆ・聞こえさす・申す・啓す・奏す**（言ふ）　**仕へまつる**（仕ふ・す）　**うけたまはる**（受く・聞く）　**さぶらふ・侍り・候ふ**（あり・をり・仕ふ）

③丁寧語

話し手（作者）が聞き手（読者）に対して敬意を表すもの。

侍り・さぶらふ・候ふ（あり・をり）

14 敬語②

時間 20分　合格 70点　得点　　点

月　日

解答 別冊14ページ

(次の文は「栄花物語」の一節で、中宮定子(「宮の御前」)の兄の伊周(「帥殿」)が左遷先の播磨から、病気の母親(「北の方」)のために密かに帰京する場面である。)

はかなく秋にもなりぬれば、世の中いとどあはれに、荻吹く風の音も、遠きほどの御けはひ[1]のそよめきに思しよそへられけり。播磨よりも但馬[2]よりも、日々に人参り通ふ。北の方の御心地[3]いやまさりに重りにければ、ことごとなし、「帥殿いまひとたび見たてまつりて死なん」といふことを、寝ても覚めても A のたまへば、宮の御前もいみじう心苦しきことに思しめし、この御はらからの主たち[4]も、いかなるべきことにかと思ひまはせど、なほいと①恐ろし。北の方は切に泣き恋ひたてまつりたまふ。見聞きたてまつる人々も、やすからず B 思ひきこえたり。

播磨にはかくと聞きたまひて[5]、いかにすべきことにかはあらむ、事の聞こえあらば、わが身こそはいよいよ不用の者になりはてて、②都を見でやみなめなど、よろづに C 思しつづけて、ただとにかくに御涙のみぞ隙なきや。さはれ[6]、この身はまたはいかがはならむとする[7]、③これにまさるやうはと、思しなりて、親の限りにおはせんを ⓐ 見たてまつりたりとて、公[8]もいとど罪せ ⓑ させたまひ、神仏もにくませたまはば、なほさるべきなめり[9]とこそは D 思はめと、ⓒ 思したちて、夜を昼にて上りたまふ。

(「栄花物語」)

(1) **二重傍線部A〜Dは、誰の動作・行為か。次からそれぞれ選べ。**(10点×4)

A(　　)　B(　　)　C(　　)　D(　　)

ア 北の方　イ 帥殿　ウ 宮の御前

エ 御はらからの主たち　オ 人々　カ 神仏

語注

1 **遠きほどの御けはひ**＝伊周たちがいる遠い配所のご様子。
2 **但馬**＝伊周の弟の隆家が左遷されている場所。
3 **御心地**＝ご病状。
4 **御はらからの主たち**＝北の方の兄弟たち。
5 **かくと聞きたまひて**＝北の方のご様子をこのようにお聞きになって。
6 **さはれ**＝なるようになれ。
7 **いかがはならむとする**＝どのようになるであろうか。いや、どうなってもかまわない。
8 **公**＝朝廷。
9 **さるべきなめり**＝そうなる運命であるようだ。

読解のポイント

(1) 直前に示されている人物に着目すること。傍線部の前の動作も同じ人のものであることが多い。

(2)☆ **傍線部①〜③は、どういうことを言っているのか。次からそれぞれ選べ。**（10点×3）

①
ア 北の方が息絶えてしまうのが怖い
イ 宮の御前が病気にならないかと心配である
ウ 北の方に帥殿を会わせるのが憚(はばか)られる
エ 帥殿が宮の御前と連絡を取らないかと危惧される

②
ア このまま播磨で死ぬのだろう
イ 都に帰らずにおかないだろう
ウ 都を思うあまりに病気になるだろう
エ 都の近くに隠れ住むのだろう

③
ア こうしているのが一番だろう
イ これ以上悲しいことはないだろう
ウ このままじっとしているしかないだろう
エ ここからなんとか逃げ出そう

①（　　）②（　　）③（　　）

(3) **傍線部ⓐ〜ⓒは、誰に対する敬意を表しているか。次からそれぞれ選べ。**（10点×3）

ア 北の方　イ 帥殿　ウ 宮の御前　エ 公　オ 神仏

ⓐ（　　）ⓑ（　　）ⓒ（　　）

［立教大―改］

(2) ①全体の内容を踏まえて考えること。
②まず直訳をした上で、それが結果としてどのようなことをいっているのかを考える。
③「これにまさる」の「これ」が何を指しているかを考える。

(3) ⓐは**謙譲語**、ⓑは**二重敬語**、ⓒは**尊敬語**が用いられている。

出典紹介

■**「栄花物語」について**

最初の仮名文による歴史物語。作者は正編は赤染衛門(あかぞめえもん)・続編は出羽弁(でわのべん)の説が有力だが、未詳。正編は一〇三〇年ごろ、続編は一一〇〇年ごろ成立。九世紀末の宇多(うだ)天皇から十一世紀末の堀河天皇にいたる十五代二百年間の宮廷生活を物語風に編年体で記述。藤原道長の一生と、その栄華を中心に描いている。

さらに知っておこう

さまざまな敬語の用い方

・**補助動詞「給ふ」**は、尊敬語と謙譲語があり、活用の種類も違う。
例 人目もいまはつつみ給はず泣き給ふ（尊敬・四段活用）
主人(あるじ)の女ども多かりと聞き給へて（謙譲・下二段活用）

・**「参る・奉る」**は、尊敬と謙譲の意味がある。
例 壺(つぼ)なる御薬奉れ（尊敬・「飲む」「食ふ」の尊敬語）
みな手をわかちて、もとめ奉れども（謙譲・補助動詞）

・**「せ給ふ・させ給ふ」**は**二重敬語**で、最高級の敬意表現。

15 和歌の修辞

A 見わたせば[1]山もと霞む水無瀬川夕べは秋と何思ひけむ

B 薄霧[2]の籬の花の朝じめり秋は夕べと誰か言ひけむ

（「新古今和歌集」）

(1) A・Bの歌は、それぞれ、ある季節の風景を眼前にしての感動を詠んだものである。その季節として最も適切なものを次からそれぞれ選べ。（10点×2）

ア 春　イ 夏　ウ 秋　エ 冬

A（　　）B（　　）

(2) A・Bの歌は、それぞれ、一日のうちの特定の時分の風景を眼前にしての感動を詠んだものである。その時分として最も適切なものを次からそれぞれ選べ。（10点×2）

ア 夜明け前　イ 朝　ウ 真昼　エ 夕暮れ

A（　　）B（　　）

(3) Aの歌の「何思ひけむ」の意味として最も適切なものを、次から選べ。（20点）

ア そう思ったのは、もっともだ。

イ そう思ったのは間違いだった。

（　　）

時間 20分　合格 70点　得点　　点

月　日

解答 別冊15ページ

語注

1 **見わたせば山もと霞む水無瀬川夕べは秋と何思ひけむ**＝後鳥羽上皇が作者。水無瀬の離宮から見渡した風景について述べている。山のふもとがかすみ、水無瀬川が流れている。

2 **薄霧の籬の花の朝じめり秋は夕べと誰か言ひけむ**＝藤原清輔が作者。薄く霧のかかった垣根の花と露を見て、感じたことを述べた歌。

読解のポイント

(1)・(2) Aの歌は、「山もと霞む」「夕べは秋と何思ひけむ」をヒントにして、今はどの季節のいつ時分かを考える。また、Bの歌も「秋は夕べと誰か言ひけむ」から、同様に考えるとよい。

(3) 「何思ひけむ」をそのまま訳すと、「どうしてそう思ったのだろうか」となる。それはどういう意味かを考える。

(4) 「さらに知っておこう」を参照。

(5) それぞれ、比較されているものは何と何かを考え、今がすばらしいと言っているのはどれか見つけるとよい。

ウ　いまさら何も思うことはない。

エ　何を思ったのか思い出せない。

オ　何を思ったかは問題ではない。

(4)☆ **A・Bの歌は同じ句切れを持つが、何句切れか。次から一つ選べ。**(15点)（　　）

ア　初句切れ　　イ　二句切れ

ウ　三句切れ　　エ　四句切れ

(5)☆ **A・Bの歌は、いずれも、眼前の何かを別の何かと比べて、眼前のもののほうがよりいっそうすばらしいと言っているものである。次の歌の中から、A・Bの歌と同じ態度が示されているものを一つ選べ。**(25点)（　　）

ア　昨日こそ早苗取りしかいつの間に稲葉そよぎて秋風の吹く

イ　あひ見てののちの心にくらぶれば昔はものを思はざりけり

ウ　都にて月をあはれと思ひしは数にもあらぬすさびなりけり

エ　ながらへばまたこのごろやしのばれむ憂しと見し世ぞ今は恋しき

[追手門学院大]

出典紹介

三大和歌集「万葉集」「古今集」「新古今集」の比較。

	万葉集	古今集	新古今集
形式	五七調	七五調	七五調
句切れ	二句・四句切れ	三句切れ	初句・三句切れ
理念	まこと	あはれ	幽玄 有心
歌風	ますらをぶり おおらか・素朴	たをやめぶり 繊細・優美	繊細・洗練・技巧的

さらに知っておこう

和歌の修辞法

①**句切れ**――意味上の切れ目で、初・二・三・四句で行われる。句切れなしの歌もある。

②**序詞**――歌意をととのえ、言葉を引き出し、歌に複雑な表現効果を与える。原則五音の**枕詞**とは異なり、音数に制限がない。

③**掛詞**――ある一つの言葉で、二つ以上の意味を言い表す。
例　ふる＝「降る」と「経る」　ながめ＝「長雨」と「眺め」

④**縁語**――意味の上で関係の深い語を一首に意識的に詠み込む技法。
例　青柳の糸よりかくる春しもぞ乱れて花のほころびにける

⑤**本歌取り**――先人の歌の要素を取り込み、複雑な美しさを出す技法。

16 品詞分解の仕方

時間 20分
合格 70点
得点 点

月 日

解答 別冊16ページ

昔、をとこありけり。童（わらは）より①つかうまつりける君、御髪（みぐし）[1]おろし給（たま）ふてけり。②睦月（むつき）にはかならずまうでけり。おほやけ[2]の宮づかへしければ、③常にはえまうでず。されど、もとの心[3]うしなはでまうで［④］になむあり［⑤］。

昔つかうまつりし人、俗なる[4]、禅師（ぜんじ）なる、あまたまゐりあつまりて、睦月になれば事立（ことだ）つ[5]とて、大御酒（おほみき）[6]たまひけり。雪こぼすがごと[7]降りて、ひねもすにやまず。みな人酔（ゑ）ひて、「雪に降りこめられたり」といふを題にて、［⑥］ありけり。

⑦思へども⑧身をし分けねば目離（めか）れせぬ[8]雪のつもるぞわが心なる

とよめりければ、⑨親王（みこ）、いといたうあはれがり給ふて、⑩御衣（おんぞ）ぬぎてたまへりけり。

（「伊勢（いせ）物語（ものがたり）」）

(1) **傍線部①の文中の意味として最も適切なものを、次から選べ。**（10点）（　　）

ア 敬っていた　**イ** お仕えしていた
ウ お慕いしていた　**エ** お使いに行った

(2) **傍線部②は何月のことか。漢数字を用いて答えよ。**（10点）（　　）

(3) **傍線部③の意味として最も適切なものを、次から選べ。**（10点）（　　）

ア たびたびお伺いすることができない　**イ** いつもお顔を拝見している
ウ あまり行こうとなさらない　**エ** いつも心配しておられる

(4)★ **［④］・［⑤］には「けり」の活用形が入る。最も適切なものを次からそれぞれ選べ。**（10点×2）④（　　）⑤（　　）

ア けら　**イ** けり　**ウ** ける　**エ** けれ

語注

1 **御髪おろし給ふてけり**＝出家してしまわれた。
2 **おほやけ**＝朝廷。
3 **もとの心**＝出家なさる前にお仕えしていた時の心。
4 **俗なる、禅師なる**＝在俗の人も、法師となった人も。
5 **事立つ**＝特別なことをする。
6 **大御酒たまひけり**＝御酒を賜わった。
7 **こぼすがごと**＝器からこぼすようにひどく。
8 **目離れせぬ**＝目から離れない。

読解のポイント

(1) 「つかうまつる」は、「仕ふ」の謙譲語。
(3) 「え―打消」の形。
(4) ④のあとの「に」の判別により活用形が決まる。⑤は係助詞に着目。

(5) ⑥に入る語として最も適切なものを、次から選べ。(10点)（　　）

ア 句　イ 詩　ウ 吟　エ 歌

(6) 傍線部⑦の主語として最も適切なものを、次から選べ。(10点)（　　）

ア をとこ　イ 禅師　ウ 君　エ 親王

(7) 傍線部⑧の品詞分解として最も適切なものを、次から選べ。(10点)（　　）

ア 身＋をし＋分け＋ねば　イ 身＋をし＋分け＋ね＋ば

ウ 身＋を＋し＋分け＋ねば　エ 身＋を＋し＋分け＋ね＋ば

(8)☆ 傍線部⑨と同じ人物を表す文中の別の言葉はどれか。最も適切なものを次から選べ。(10点)（　　）

ア をとこ　イ 禅師　ウ 君　エ 人

(9) 傍線部⑩の意味として最も適切なものを、次から選べ。(10点)（　　）

ア お着物を脱ごうとなさった　イ お着物を脱がせなさった

ウ お着物を脱ぎ捨てなさった　エ お着物を脱いで与えなさった

〔姫路獨協大〕

(6) 誰の詠んだ歌なのかを考える。

(7) 「さらに知っておこう」参照。「し」の判別がポイント。

(9) 「ぬぎてたまへ」の「たまふ」のここでの使い方がポイント。

出典紹介

■「伊勢物語」について

歌物語の代表的作品。作者未詳。十世紀中ごろ成立。多くの章段が「昔、男ありけり」で始まり、男は在原業平(ありわらのなりひら)と想定されている。この男の初冠(ういこうぶり)(成人式)から辞世まで、一代記風にまとめられている。後の「源氏物語」などにも影響を与えた。

さらに知っておこう

✓品詞分解の仕方

・動詞の活用語尾を正確につかむ

品詞分解の基本は、用言、特に動詞の活用語尾をつかむこと。

例 御衣ぬぎてたまへりけり(「たまへ」か「たまへり」か)

例 御衣ぬぎてたまへりけり
(已然形接続の完了「り」と、連用形接続の過去「けり」)

・助動詞の種類と接続を知る

・さまざまな助動詞の使い方を知る

例 身をし分けねば
(「を」格助詞、「し」副助詞、「ば」接続助詞)

17 動詞の活用の種類と活用形

時間 20分　合格 70点　得点 　点

月　日

解答 ➡ 別冊17ページ

大かた[1]一(ひと)むきにかたよりて、他(あだ)しき[2]説(ときごと)をば、わろしととがむるをば、心狭(せば)くよからぬこととし、①一むきにはかたよらず、他しき説をも、わろしといはぬを、心ひろくおいらかにて[3]、よしとするは、なべて[4]の人の心なめれど、かならずそれさしもよき事にも②あらず。よるところ定まりて、そを深く信ずる心ならば、かならず一むきにこそよる［　　］。それにたがへるすぢ[5]をば、とるべきにあらず。よしとしてよる所に異(こと)なるは、みなあしきなり。これよければ、かれはかならずあしきことわり[6]ぞかし。然るをこれもよし、またかれもあしからずといふは、③よるところさだまらず、信ずべきところを、深く④信ぜざるものなり。よるところさだまりて、そを信ずる心の深ければ、それにことなるすぢのあしきことをば、⑤おのづからとがめざることあたはず。これ信ずるところを信ずるまめごころ[7]なり。人はいかに⑥おもふらむ、われは一むきにかたよりて、あだし説をばわろしととがむるも、かならずわろしとは思はずなむ。

（「玉勝間(たまかつま)」）

(1) 傍線部①のような態度を、筆者はどのように評価しているか。四字熟語で表現したときに最も適切なものを次から選び、記号で答えよ。（15点）

ア 温故知新　イ 夏炉冬扇　ウ 呉越同舟
エ 八方美人　オ 換骨奪胎

（　　　）

(2)☆ 傍線部②・④・⑥の動詞の、活用の行・活用の種類・活用形をそれぞれ答えよ。（15点×3）

②（　　　）
④（　　　）
⑥（　　　）

語注

1 **大かた**＝一般に。
2 **他しき**＝違う。他の。
3 **おいらかにて**＝穏やかで。
4 **なべて**＝総じて。普通。
5 **すぢ**＝筋道。道理。
6 **ことわり**＝道理。
7 **まめごころ**＝誠実な心。

読解のポイント

(1) 傍線部①は、一つの見方には偏らず、他の説のことも悪いとは言わないような態度。
(2) 「**さらに知っておこう**」を参照。
(3) 「よる／ところ／さだまら／ず」と四単語に分かれる。
(4) 前に**係助詞**「**こそ**」があることに注目する。
(5) 「あたはず」は、「あたふ」の未然形「あたは」に打消の助動詞「ず」がついた形。

⑥（　　　　）

(3)☆ **傍線部③を、例にならって品詞分解せよ。**（15点）

例 あしき（形容詞・シク活用・連体形）／を（格助詞）／とがめ（動詞・マ行下二段・未然形）／ず（助動詞・打消・連用形）

（　　　　）

(4) **□には、当然の助動詞「べし」が入る。適切な活用形にして答えよ。**（10点）

（　　　　）

(5) **傍線部⑤を現代語訳せよ。**（15点）

（　　　　）

［福岡教育大―改］

出典紹介

■「玉勝間」について

随筆。江戸後期の成立。著者は本居宣長（もとおりのりなが）。寛政五（一七九三）年に執筆を始め、没年の享和元（一八〇一）年まで書き続けた。宣長の人生観・文学観・学問の姿勢、神仏・儒学に対する見解などが述べられている。

さらに知っておこう

動詞の活用

①活用形

- 未然形 ⟶「ず・む」をつける。
- 連用形 ⟶「て・たり」をつける。
- 終止形 ⟶ 言い切る。
- 連体形 ⟶「時・こと」をつける。
- 已然形 ⟶「ど・ども」をつける。
- 命令形 ⟶ 命令で言い切る。

②活用の種類　〈口語文法〉

- 四段活用（言ふ・書く）
- ナ行変格活用（死ぬ・往（い）ぬ）
- ラ行変格活用（あり・居（を）り）
- 下一段活用（蹴る）　……五段活用
- 上一段活用（着る）・上二段活用（起く）……上一段活用
- 下二段活用（受く・求む）……下一段活用
- サ行変格活用（す・おはす）……サ行変格活用
- カ行変格活用（来（く））……カ行変格活用

18 助動詞① 推量

時間 20分　合格 70点　得点 点

解答 別冊18ページ

月 日

「花、紅葉をもてあそび、月、雪に戯るるにつけても、この世は捨てがたきものなり。情なきをも、あるをも嫌はず[1]、心なきをも、数ならぬをも分かぬは[2]、①かやうの道ばかりにこそ②はべらめ。それにとりて、夕月夜ほのかなるより、有明の心細き、折も嫌はず、③ところも分かぬものは、月の光ばかりこそはべらめ。春、夏も、まして秋、冬など、月明かき夜は、④そぞろに、心なき心も澄み、情なき姿[3]も忘られて、知らぬ昔、今、行く先も、まだ見ぬ高麗、唐土も、残るところなく、遥かに思ひやらるることは、ただこの月に向かひてのみこそあれ。されば、[4]王子猷は戴安道を訪ね、[5]簫史が妻の月に心を澄まして雲に入りけむも、ことわりとぞおぼえはべる。この世[6]にも、月に心を深く染めたるためし、昔も今も多くはべるめり。勢至菩薩にてさへおはしますなれば、暗きより暗きに[7]迷はむしるべまでもとこそ、頼みをかけてたてまつるべき身にてはべれ」と言ふ人あり。

また、「かばかり濁り多かる末の世まで、いかで、かかる光のとどまりけむと、昔の契り[8]もかたじけなく思ひ知らるることは、この月の光ばかりこそはべるを、同じ心なる友なくて、ただ独り眺むるは、いみじき月の光もいとすさまじく、見るにつけても、⑤恋しきこと多かるこそ、いとわびしけれ」。

（『無名草子』）

(1)☆ 傍線部①とはどのような道か。その説明として最も適切なものを、次から選べ。（15点）

ア 世捨て人が分け入った道　イ 四季の風物を愛でる道

ウ 上手な和歌を作る道　エ 自然のあり方に即した道

（　　）

(2) 傍線部②「はべらめ」について、(i)その中に用いられている助動詞を終止形で答えよ。

語注

1 **嫌はず**＝区別なく。

2 **数ならぬをも分かぬは**＝身分の低いものも区別しないのは。

3 **情なき姿**＝人情を解することの薄いわが身の姿。

4 **王子猷は戴安道を訪ね**＝王子猷が月を一緒に楽しむために戴安道を訪ねたという故事がある。

5 **簫史**＝楽人簫史とその妻は、常に月を愛して眺め暮らしたが、ある夜鳳凰が二人を連れて飛び去ったという故事がある。

6 **この世**＝日本の国。わが国。

7 **暗きより暗きに**＝和泉式部の歌に、「暗きより暗き道にぞ入りぬべきはるかに照らせ山の端の月」という法華経に基づくものがある。

8 **昔の契り**＝阿弥陀如来が勢至菩薩を月として、人の世を照らさせたこと。

また、(ii)その助動詞の意味として最も適切なものを、次から選べ。（10点×2）

ア 願望　イ 原因推定　ウ 当然　エ 推量

(i)（　　）(ii)（　　）

(3) **傍線部③とはどのような意味か。次の□に入るように十字以内で答えよ。**（25点）

賞美する際に□もの

(4) **傍線部④の意味として最も適切なものを、次から選べ。**（15点）

ア ゆっくりと　イ 何とはなしに　ウ さびしげに　エ しっとりと

（　　）

(5)☆ **傍線部⑤は、なぜそうなるのか。その理由として最も適切なものを次から選べ。**（25点）（　　）

ア 月の光がとてもきれいだから
イ 末法の世であっても恋の道に変わりはないから
ウ 月を見ると昔の恋人を思い出すから
エ 一緒に月を見て楽しむ人がいないから

［甲南大—改］

読解のポイント

(1) 冒頭の一文の内容から考える。
(2) 「さらに知っておこう」を参照。
(3) 「折」と「ところ」が並列的に述べられている。
(5) 今、どのような状態で月を眺めているのかを考える。

出典紹介

■「無名草子」について
物語評論。作者未詳であるが、藤原俊成女（としなりのむすめ）とする説が有力。「源氏物語」を中心に、「松浦宮物語」や「海人（あま）の刈藻（かるも）」などを女性の対話形式で論評している。

さらに知っておこう

推量の助動詞

①接続を覚えよう
・未然形接続＝む・むず・まし・じ
・連用形接続＝けむ
・終止形（ラ変型連体形）接続＝べし・まじ・らむ・らし・めり・なり

②覚えておきたい活用形
四段型の「む・らむ・けむ」、形容詞型の「べし・まじ」、ラ変型の「めり・なり」、特殊型の「むず・まし・じ・らし」。

③基本的な意味を覚えよう
・**む**＝推量（ダロウ）・意志（ショウ）
・**べし**＝推量（ダロウ）・意志（ショウ）・当然（ノハズダ）・適当（スルガヨイ）・可能（デキル）・命令（セヨ）
・**らむ**＝現在推量（テイルダロウ）
・**なり**＝推定（ヨウダ）・伝聞（ダソウダ）
・**じ**＝打消推量（ナイダロウ）・打消意志（マイ）→「む」の打消

時間 20分　合格 70点　得点　点

月　日

解答 別冊19ページ

（中将の君が催促されて、中宮や女房たちの前である人から聞いた話を語り始める。）

「ある君達[1]に、①しのびて通ふ人やありけむ。いとうつくしき児（ちご）さへ出できに［X］ば、あはれとは思ひきこえながら、きびしき片つ方[2]やありけむ、絶え間がちにて[3]あるほどに、②思ひも忘れず、いみじう慕ふがうつくしう、ときどきは、ある所に渡し[4]などするをも、『いま[5]』なども言はでありしを、ほど経てたちよりたり［A］ば、いと③さびしげにて、めづらしくや思ひけむ、かきなでつつ[6]見ゐたりしを、え立ちとまらぬことありて出づる[7]を、ならひ[8]に［X］ば、例のいたう慕ふがあはれにおぼえて、しばし立ちどまりて、『さらば、いざよ[9]』とて、かき抱きて出で［B］を、いと心苦しげに④見おくりて、前なる火取（ひとり）[10]を手まさぐりにして、

こだにかくあくがれ出でば薫物（たきもの）のひとりやいとど思ひこがれむ

と、しのびやかに言ふを、屏風（びやうぶ）のうしろにて聞きて、いみじうあはれにおぼえ［X］ば、児も⑤かへして、そのままになむゐられにし、と。」

（「堤中納言物語（つつみちゅうなごんものがたり）」）

(1)☆ 傍線部①を現代語訳せよ。（20点）

（　　　　）

(2)☆ ［X］には同じ過去の助動詞が入る。適切に活用させて答えよ。（10点）

（　　　　）（　　　　）

語注

1 **君達**＝ここでは女性を指している。
2 **片つ方**＝もう一人の人。「通ふ人」の本妻のこと。
3 **絶え間がちにて**＝通うのが途絶えがちで。
4 **渡し**＝子どもを別の所に連れて行って移し。
5 **いま**＝今すぐに。ここでは、今すぐに子どもを返してほしいということ。
6 **かきなでつつ**＝子どもの頭をなでながら。
7 **え立ちとまらぬことありて出づる**＝とどまることができない事情がある「通ふ人」が、出て行こうとしている。
8 **ならひ**＝動詞「ならふ」の連用形。習慣になって。
9 **さらば、いざよ**＝子どもに対して、それならば、さあ行こう、と言っている。
10 **火取**＝香をたきしめるのに用いる香炉。漆器の中に銀や銅または陶器で作った炉を置き、上から銀・銅の籠で覆ったもの。

読解のポイント

(1) 係助詞「や」、助動詞「けむ」の意味に注意して訳す。
(2) 前書きに「人から聞いた話」とある。また、どれも「ば」が接続している。

(3) 傍線部②は、誰のどのような様子か。答えよ。（20点）

（　　　）

(4)☆ A には助動詞「き」、B には助動詞「けり」が入る。それぞれ適切に活用させて答えよ。（10点×2）

A（　　　）　B（　　　）

(5) 傍線部③〜⑤の主語として最も適切なものを次から選び、記号で答えよ。（5点×3）

ア 児　イ 児の父
ウ 児の母　エ 児の継母

③（　　）④（　　）⑤（　　）

(6) 波線部の歌は、「思ひこがれむ」の「ひ」に「火」が、「こだに」の「こ」に「子」と「籠(こ)」が掛けられている。この二か所以外に、もう一か所掛詞が指摘できる。何と何が掛けられているかがわかるように、漢字で答えよ。（15点）

（　　　）

［日本女子大｜改］

(3) 誰を「慕ふ」のかを明確にする。
(4) 「さらに知っておこう」を参照。
(5) ③「めづらしく」思っているのも同一人物。④子どもを「かき抱きて出で」た人物を見送っている。
(6) 母親が、子どもを取られたならば、と詠んでいることに注目する。

出典紹介

■「堤中納言物語」について
作り物語。作者の異なると思われる十編の物語などからなる短編物語集。小式部という女房が書いたとわかっている一編以外は作者未詳。編者についても未詳。各物語の成立は、およそ平安時代と考えられている。

さらに知っておこう

過去の助動詞――き・けり――

①接続と活用形を覚えよう
・「き・けり」は連用形に接続。（「き」カ変・サ変には未然形にも）
・「き」は特殊型、「けり」はラ変型なので覚えてしまおう。
き ――→（せ）・〇・き・し・しか・〇
けり――→けら・〇・けり・ける・けれ・〇

②「き」と「けり」の意味の違い
き ――→経験過去。自分が直接体験したことを述べる場合。
けり――→伝聞過去。人から伝え聞いたことを述べる場合。
・ただし、和歌の中や会話中の「けり」は詠嘆の意味が多い。
例 まだ下臈（げらう）ではべりし時、（私が……でございました時、）
人、榎（え）の木の僧正とぞ言ひける。（人が……言ったそうだ。）

20 助動詞 ③ 完了

時間 20分
合格 70点
得点 点

月 日

解答 別冊21ページ

[1]御室(おむろ)に、[2]いみじき児(ちご)のあり[A]を、いかで誘ひ出(いだ)して遊ばんとたくむ法師どもありて、[3]能ある遊び法師どもなど語らひて、[4]風流の破子(わりご)やうのもの、ねんごろに営み出でて、箱ふぜいの物に①したため入れて、[5]ならびの岡(をか)の便よき所に埋(うづ)めおきて、紅葉散らしかけなど、思ひよらぬさまにして御所へ参りて、児をそそのかし出でにけり。嬉(うれ)しと思ひて、此所(ここ)彼所(かしこ)遊びめぐりて、ありつる苔(こけ)のむしろに並みゐて、「いたうこそ[6]困(こう)じに[B]。[7]あはれ紅葉を焼(た)かん人もがな。験(げん)あらん僧達祈り試みられよ」など言ひしろひて、埋み[C]木のもとに向きて、数珠(ずず)おしすり、[8]印ことごとしく結び出でなどして、②いらなく振舞ひて、木の葉をかきのけたれど、つやつや物も見えず。所のたがひたるにやとて、掘(ほ)らぬ所もなく、山をあされども、なかりけり。埋みけるを、人の見おきて、御所へまゐりたるまに、盗める[D]けり。法師ども言の葉なくて、聞きにくくいさかひ、腹立ちて帰りに[E]。あまりに興あらんとする事は、必ず③あいなきものなり。

（「徒然草(つれづれぐさ)」）

語注

1 **御室**＝京都市右京区にある仁和寺(にんなじ)。
2 **いみじき児**＝たいへんかわいらしい児。
3 **能ある遊び法師ども**＝芸達者な遊芸僧たち。
4 **風流の破子**＝しゃれた食物を入れる器。
5 **ならびの岡**＝仁和寺の前方にある丘。
6 **困じ**＝くたびれる。
7 **あはれ紅葉を焼かん人もがな**＝ああ、紅葉をたいて酒をあたためてくれる人がいたらいいのに。白楽天(はくらくてん)の「林間に酒をあたためて、紅葉を焼く」によったもの。
8 **印**＝祈禱のときに指でいろいろな形をつくること。

(1)★ [A]～[E]に入る助動詞は次のどれか。最も適切なものをそれぞれ選び、記号で答えよ。（10点×5）

ア める　**イ** つる　**ウ** なれ
エ たれ　**オ** たり　**カ** けり
キ けむ　**ク** なり　**ケ** ける

A（　　）　B（　　）　C（　　）
D（　　）　E（　　）

(2) **傍線部①～③の語句の意味について、最も適切なものを次からそれぞれ選び、記号で答えよ。**（10点×3）

①（　　）②（　　）③（　　）

① ア 折り畳んで入れて　イ 文字を書き入れて
　 ウ ととのえ入れて　エ たくさん入れて

② ア 不必要なことに　イ 大げさに
　 ウ おごそかに　エ おかしさをこらえて

③ ア 気の毒なもの　イ つまらないもの
　 ウ 哀れなもの　エ 同情できないこと

(3) **法師どもが、波線部「聞きにくいさかひ」をしたのはどうしてか。二十字以内で答えよ。**（20点）

［法政大］

さらに知っておこう

完了の助動詞――「つ・ぬ」と「たり・り」――

①接続と活用形を覚えよう

・「つ・ぬ・たり」は連用形、「り」は四段動詞の已然形、サ変動詞の未然形に接続する。

・「つ」は下二段、「ぬ」はナ変型、「たり・り」はラ変型に活用。

②「つ」と「ぬ」の意味の違い

つ――→意志的動作の完了。　ぬ――→自然的作用の完了。

③「つ・ぬ」と「たり・り」の違い

・「つ・ぬ」＝完了の意が基本で、強意・並列の意もある。

・「たり・り」＝存続の意が基本で、完了の意もある。

読解のポイント

(1) Aは、接続助詞「を」に接続するため連体形で、連用形接続の助動詞。Bは、**係り結び**に注意。Cは、連用形接続の助動詞で、体言につく形。Dは、連体形接続で、連用形。Eは、連用形接続で、終止形。

(2) ①の「したため入れ」たものは何であるかを読み取る。②も同様に考える。③は、たくらみはどうなったかを考え合わせる。

出典紹介

■「徒然草」について

9ページに既出。本問の文は、第五十四段。

助動詞 ④ 受身・可能・自発・尊敬・使役

時間 20分
合格 70点
得点 点

月 日

解答 別冊22ページ

おほかた[1]世のつねに異なる新しき説をおこすときには、よきあしき[2]をいはず、まづひとわたりは世の中の学者ににくまれそしら①るるものなり。あるはおのがもとより依り来つる[3]説といたく異なるを聞きては、よきあしきを味はひ考ふるまでもなく、初めよりひたぶるに[4]捨ててとりあげざる者もあり。あるは心のうちにはげにと思ふふしも多くAあるものから、さすがに[5]近き人のことに従はむことのねたくて[6]、よしともあしともいはで、ただBうけぬ顔して過ぐすたぐひもあり。あるはねたむ心のすすめるは、心にはよしと思ひながら、その中の疵(きず)をあながちに[7]求め出て、すべてをCいひけたむと構ふる者もあり。おほかた古き説をば、十が中に七つ八つはあしきをも、あしき所をばおほひかくして、わづかに二つ三つのとるべき所のあるをとりたてて、力のかぎりたすけ用ひんとし、新しきは、十に八つ九つよくても、一つ二つわろきことをいひたてて、八つ九つのよきことをもおしけちて、力のかぎりは我も用ひず、人にも用ひ②させじとする、こはおほかたの学者のならひなり。

（「玉勝間(たまかつま)」）

(1)☆ この文を三段に分けるとすれば、どこで切ればよいか。第二・第三段の初めの四字を答えよ。（10点×2）

第二段 □□□□　第三段 □□□□

(2) 文中には新説に反対する学者の三つのタイプがあげられているが、それぞれのタイプを要約した部分を抜き出して答えよ（いずれも十〜十五字まで）。（10点×3）

・

語注

1 **おほかた**＝だいたい。
2 **よきあしき**＝（内容の）良い悪い。
3 **依り来つる説**＝拠(よ)り所にしてきた説。
4 **ひたぶるに**＝ひたすら。どこまでも。
5 **さすがに**＝そうは言ってもやはり。
6 **ねたくて**＝いまいましくて。
7 **あながちに**＝無理やりに。

読解のポイント

(1) 第一段は全体的なことをあげ、第二段はその具体的な実例、第三段は新説と古説に対する学者の態度を書いている。

(2) (1)の段落分けの区分でいうと、第二段に書かれているので、字数制限に合うように抜き出せばよい。

(3)☆ **この文の主題として最も適切なものを次から選び、記号で答えよ。**（10点）　（　　）

ア 新説よりも古説を重んずべきこと
イ 古説は新説よりも劣ること
ウ 新説はすぐには承認されにくいこと
エ 新説も古説も共に正しく評価すべきこと

(4) **傍線部A〜Cの語句を現代語訳せよ。**（10点×3）

A（　　）
B（　　）
C（　　）

(5)☆ **二重傍線部①・②の助動詞の文法的意味は次のどれか。一つずつ選べ。**（5点×2）

①（　　）②（　　）

ア 受身　**イ** 尊敬　**ウ** 自発　**エ** 可能　**オ** 使役　**カ** 完了

［成城大］

(3) 第一段に全体的なテーマが述べられているのがヒントとなる。
(4) Aは接続助詞「ものから」を、Bは何を「うけぬ」のかを、Cは「いひけつ」の意味を、前後の文脈を踏まえて考える。
(5) 「さらに知っておこう」を参照。

出典紹介

■「玉勝間」について
37ページに既出。本問の文は、二の巻「あらたにいひ出たる説はとみに人のうけひかぬ事」。

さらに知っておこう

受身・可能・自発・尊敬の助動詞——る・らる——

- 四段・ナ変・ラ変の未然形には「る」、それ以外の未然形には「らる」が接続する。
- 「る・らる」は、現代語の「れる・られる」と同じく、受身・可能・自発・尊敬の四つの意味がある。

使役・尊敬の助動詞——す・さす・しむ——

- 四段・ナ変・ラ変の未然形には「す」、それ以外の未然形には「さす」、「しむ」は未然形に接続する。
- 「す・さす・しむ」は、使役の意味がある。
- 尊敬の意は、「せ給ふ・させ給ふ」のように、「給ふ・おはします」などに続く場合に限られる。

22 助動詞⑤ 打消

時間 20分　合格 70点　得点　点

月　日

解答 別冊23ページ

（近江の国、勢田の唐橋という所で俵藤太秀郷は大蛇の背中を踏んで橋を渡った。）

されども大蛇は、あへて驚く気色もなし。秀郷も後ろをかへりみ[A]、はるかに行き隔たり①ぬ。それより東海道におもむき、日も西山に入りぬれば、ある宿の出居[1]に宿られける。すでにその夜もふけゆくままに、夢も結ば[B]仮屋の枕、傾けんとし給ふ[2]ところに、宿のあるじの申すやう、「②たれ人にてやらん、旅人に対面申さむと申して、③あやしげなる女房一人、門のほとりにたたずみておはします」と申す。秀郷聞きて、あら思ひよらずや。そも、いづくの人にてましませば、我に見参せむとはのたまふぞ。さらにこそ心得[C]。さりながら、おぼしめす子細のましませばこそ、これまで御出であれ。たづね給ふべき事あらば、こなたへ入らせ給へとありければ、あるじ、かの女性に④かくと申す。時に女性いふやうは、「いやいやこれは苦しからず。都の方の者なるが、ここにていささか申し入るべき事あり。おおそれながら[3]、これまで御出であれかし」と申す。さるほどに、秀郷辞退するに及ば⑤ねば、ゐたる所をつい立ちて[4]、門外に出でて見てあれば、はたちあまりの女性、ただ一人たたずみゐたり。そのかたちを見るに、容顔美麗にして、あたりもかかやくほどなり。髪のかかりうるはしう、⑥さながらこの世の人とは思はれず。あやしさは限りなし。

（『俵藤太物語』）

語注

1 **出居**＝客と応対する部屋。
2 **仮屋の枕、傾けんとし給ふ**＝旅先の仮の宿で寝ようとしていることを表す。
3 **おおそれながら**＝「恐れながら」と同義。
4 **ゐたる所をつい立ちて**＝いる部屋からさっと立って。

(1)☆ [A]～[C]に入る助動詞「ず」の活用形として最も適切なものを次から選び、記号で答えよ。（10点×3）

ア ず　イ ざり　ウ ぬ　エ ざれ　オ ね

A（　　）　B（　　）　C（　　）

(2)☆ **傍線部①・⑤について、文法的に説明せよ。**（10点×2）

①（　　　）

⑤（　　　）

(3) **傍線部②を現代語訳せよ。**（15点）

（　　　）

(4) **傍線部③の解釈として最も適切なものを次から選び、記号で答えよ。**（10点）（　　　）

ア 身分の低い　**イ** 不審な様子の

ウ 妖艶な　**エ** 貧しそうな

(5)☆ **傍線部④とあるが、秀郷の会話の初めと終わりの五字を抜き出せ。**（10点）

□□□□□ ～ □□□□□

(6) **傍線部⑥を現代語訳せよ。**（15点）

（　　　）

［清泉女子大―改］

読解のポイント

(1) 「さらに知っておこう」を参照。Cは前に「こそ」があることに注目する。

(2) ① 「さらに知っておこう」を参照。
⑤直前の「及ば」は未然形。また、直後には「ば」が続いている。

(3) 「たれ人」は「誰」の意。また、「やらん」は「や」＋「あら」＋「ん」が変化したもの。

(4) 秀郷が女性を見たあとの描写にも注目する。

(5) 会話の終わりは「と」「とて」などの形をとる。

(6) 「さながら」の意味に注意する。

出典紹介

■**「俵藤太物語」について**

御伽（おとぎ）草子。作者未詳。室町時代の成立。藤原秀郷の武勇伝説。蜈蚣（むかで）退治・竜宮訪問と、将門討伐伝説との二部で構成される。「太平記」との密接な関連が見られる。

さらに知っておこう

打消の助動詞――ず――

①「ぬ」の識別

・未然形接続＝打消の助動詞「ず」の連体形
・連用形接続＝完了の助動詞「ぬ」の終止形

②未然形に接続

活用は特殊型なので覚えてしまおう。

・ず・ず・ぬ・ね・○（特殊型）
・ざら・ざり・○・ざる・ざれ・ざれ（ラ変型）

23 助動詞⑥ 断定

時間 20分　合格 70点　得点 　点

月 　日

解答 ▶ 別冊24ページ

西行法師[1]、東の方修行しける時、月の夜、武蔵野を過ぐることありけり。ころは八月十日あまり①なれば、A昼のやうなるに、花の色々露を帯び、虫の声々風にたぐひつつ[2]、心も及ばず。はるばると分け行く程に、麻の袖もしぼるばかりになりにけり。

ここは人住むべくもあらざる野中に、ほのかに経の声聞こえ、いとあやしくて、声を尋ねつつ行きて見れば、わづかに一間ばかりなる庵あり。萩、女郎花を囲ひにして、薄、かるかや、荻などを取り混ぜつつ、上には葺けり。その中に、年たけたる涸れ声にて法華経を綴り読む、いとめづらかに覚えて[3]、「いかなる人のかくては」と問ひければ、「我は昔、郁芳門院の侍の長なり②しが、隠れさせおはしましし後、やがてB様をかへて、人に知ら③れざら④む所に住ま⑤む志深くて、いづちともなくさすらひ歩き侍りし程に、Cさるべきにやありけむ、この花の色々をよすがにて[4]、野中にとまり住みて、おのづから多くの年を送り、もとより秋の草を心に染め侍りし身なれば、花なき時はその跡をしのび、このごろは色に心を慰めつつ、愁はしきこと侍らず」と言ふ。

これを聞くに、ありがたくあはれに覚えて、涙を落として、さまざま語らふ。「さても、いかにしてか月日を送り給ふ」と問へば、「おぼろけにては[5]、里などに罷り出づる[6]こともなし。おのづから人の憐れみを待ちて侍れば、四、五日D空しき時もあり。大方は、この花の中にて煙たてむ[7]ことも本意ならぬやうに覚えて、常にはなべての朝夕のさまにはあらず」とぞ語りける。いかに心澄みけるぞ、X なむ。

（『発心集』）

(1)☆ X に入る最も適切な語を次から選び、記号で答えよ。（10点）

ア あさましく　**イ** うつくしく　**ウ** をかしく

（　　）

語注

1 **西行法師**＝平安末期の歌人。二十三歳で出家し、諸国を遍歴、修行しつつ多くの秀歌を残した。
2 **たぐひつつ**＝一緒になって。
3 **めづらかに覚えて**＝すばらしく思われて。
4 **よすがにて**＝よるべとして。
5 **おぼろけにては**＝おおよそは。ふつうは。
6 **罷り出づ**＝「出づ」の謙譲語。
7 **煙たてむ**＝炊飯のための煙をたてる。

読解のポイント

(1) 文全体の内容を踏まえて考える。旅をしながら修行をしている西行にとって、ここに住んでいる人の生き方はどのように思われるものであったかがポイント。

エ うらやましく　オ あぢきなく

(2) 傍線部A〜Dの解釈として最も適切なものを次からそれぞれ選び、記号で答えよ。(10点×4)

A
ア 八月なので昼のように暑い
イ 虫の声で昼のようににぎやかである
ウ 月明かりで昼のように明るい

B
ア 出家して
イ 変装して
ウ 名前を変えて

C
ア 俗世を去るべきであったのでしょうか
イ 格好の場所であったのでしょうか
ウ こうなる運命であったのでしょうか

D
ア はかない気持ちの時もある
イ 食べ物のない時もある
ウ 何もしない時もある

A(　　)　B(　　)　C(　　)　D(　　)

(3)☆ 傍線部①「なれ」・②「し」・③「れ」・④「む」・⑤「む」の助動詞の意味として最も適切なものを次からそれぞれ選び、記号で答えよ。(10点×5)

ア 意志　イ 受身　ウ 打消　エ 自発　オ 断定
カ 婉曲(えんきょく)　キ 可能　ク 尊敬　ケ 伝聞　コ 命令
サ 使役　シ 完了　ス 過去　セ 詠嘆　ソ 存続

①(　　)　②(　　)　③(　　)　④(　　)　⑤(　　)

[亜細亜大―改]

(2) A「月の夜」「八月十日あまり」といった表現から判断できる。
D直前の「人の憐れみを待ちて」がどのようなことをいっているのかを考える。

(3) ①接続から判断できる。
④前後の文脈から判断してどのように訳すのがよいかを考える。

出典紹介

■『発心集』について
鴨長明(かものちょうめい)編の仏教説話集。一二一六年ごろ成立。出家談・往生談・霊験(れいげん)(神仏などの通力にあらわれる不思議な験(しるし))談など、編者が身近に見聞した百余話の仏教説話を集めている。各話には編者の感想などが添えられ、人間精神に対する深い洞察が示された作品。

さらに知っておこう

断定の助動詞——なり・たり——

①「なり」は連体形か体言に、「たり」は体言に接続。それぞれ形容動詞のナリ活用型、タリ活用型に活用する。
②「なり」は、断定(デアル)・存在(ニアル)、「たり」は、断定(デアル)の意。
③断定「なり」と伝聞推定「なり」
・断定「なり」……体言・連体形接続。
・伝聞・推定「なり」……終止形接続。

24 助詞① 格助詞

時間 20分　合格 70点　得点　　点

月　日

解答 別冊26ページ

[1]あづまぢの道の果てよりも、なほ奥つかたにおひいでたる人、いかばかりかはあやしかりけむを、いかに思ひはじめけることにか、世の中に物語といふもの<u>の</u>(A)あんなるを、<u>いかで見ばやと</u>①思ひつつ、つれづれなる昼間、[2]宵居(よひゐ)などに、姉・まま母などやうの人々の、その物語、かの物語、光源氏(ひかるげんじ)のあるやうなど、ところどころ語るを聞くに、いとど[3]ゆかしさまされど、わが思ふままに、そらに<u>いかでか覚え語らむ</u>②。いみじく心もとなきままに、等身に薬師仏(やくしぼとけ)を造りて、手洗ひなどして、[4]人まにみそかに入りつつ、京にとく上げたまひて、物語の多く候ふなる、あるかぎり見せたまへと、[5]身をすてて額(ぬか)をつき、祈り申すほどに、十三になる年、上らむとて、九月(ながつき)三日門出して、いまたちといふ所に移る。

年ごろ遊びなれつるところを、[6]あらはにこぼち散らして、たち騒ぎて、日の入りぎは<u>の</u>(B)、いとすごくきりわたりたるに、車に乗るとて、うち見やりたれば、人まにはまゐりつつ、額をつきし薬師仏の立ちたまへるを、見すてたてまつる悲しくて、人知れずうち泣か<u>れ</u>(C)ぬ。

（「更級日記(さらしなにっき)」）

(1) 傍線部①・②について、「いかで」の違いに注意して現代語訳せよ。（15点×2）

①（　　　　）

②（　　　　）

(2)☆ 二重傍線部A・Bの「の」について、次にあげる「の」と同じ働きをしているものを一つずつ選び、記号で答えよ。（15点×2）

A（　　）　B（　　）

語注

1 **あづまぢの道の果て**＝常陸(ひたち)（茨城県）のこと。実際に作者が過ごしたのは上総(かずさ)。ここは虚構と見るべきだろう。

2 **宵居**＝夜遅くまで起きているとき。

3 **ゆかしさ**＝見たさ。聞きたさ。未知のものにあこがれること。

4 **人まにみそかに入りつつ**＝人のいない間にこっそりと入って。

5 **身をすてて**＝一心不乱に。

6 **あらはにこぼち散らして**＝外から丸見えになるほど、（御簾・几帳などを）乱雑に取り外して。

読解のポイント

(1) 「いかで」には、**疑問・反語**（どうして）と、**願望**（何とかして）の二つの意味がある。

(2) 「**さらに知っておこう**」を参照。

ア　大きなる柑子の木の、枝もたわわになりたるが、……。
イ　いかなれば四条大納言のはめでたく、兼久がは悪かるべきぞ。
ウ　初心の人、二つの矢を持つことなかれ。
エ　絵の所々書き出したるなり。
オ　山の端の日のかかるほど、住吉の浦を過ぐ。

(3)　作者が薬師仏に対して祈っている内容はどこからどこまでか、初めと終わりの五字を抜き出せ。（20点）

□□□□□ ～ □□□□□

(4)☆　二重傍線部Cの助動詞の意味を、漢字で答えよ。（20点）

（　　　　）

(3)　薬師仏は、衆生（しゅじょう）の病を救い、現世利益（りやく）に霊験があると考えられていた。仏への祈りなので、敬語の部分に注目する。
(4)　受身・尊敬・可能・自発のうち、どれか。

出典紹介

■「更級日記」について
菅原孝標女作。康平三（一〇六〇）年ごろ成立。少女時代から抱いていた物語世界への幻想が、成長後に厳しい現実に直面したことにより挫折（ざせつ）し、信仰世界へ安住するまでの四十年間の精神遍歴が描かれている。諦観が全体に色濃く出ている作品である。

さらに知っておこう

格助詞「の」「が」
古文の中で使われる「の」は、現代語に訳す場合に「が」とすることが多い。また、古語の「が」は、現代語の「の」にあたる場合が多い。

①**主格**を示す。（～が）
例　世の中に物語といふもののあんなるを、（更級日記）
②**連体修飾格**を示す。（～の）
例　その勢百騎ばかりが中にうちかこまれて（平家物語）
③**体言の代用**をする。（～のもの）
例　四条大納言のはめでたく、兼久がは悪かるべきぞ。（宇治拾遺物語）
④**同格**を表す。（～で）
例　都の人の、ゆゆしげなるは、睡（ねぶ）りていとも見ず（徒然草）
⑤**比喩**を示す。〈「の」だけの用法〉（～のように）
例　いさよふ波の　行くへ知らずも（万葉集）

時間 20分　合格 70点　得点　　点

月　日

解答 ● 別冊27ページ

岩鼻(いははな)やここにもひとり月の客

先師[1]上洛(じゃうらく)[2]の時、去来曰(いは)く「酒堂(しゃだう)[3]はこの句を月の猿と申し侍(はべ)れ<u>ど</u>(A)、予は客勝りなんと申す。①<u>いかが侍るや</u>」。先師曰く「猿とは何事ぞ。汝(なんぢ)、この句をいかにおもひて作せるや」。去来曰く「明月に乗じ、山野吟歩[4]し侍るに、岩頭又一人の②<u>騒客(さうかく)</u>を見つけたる」と申す。先師曰く「ここにもひとり月の客と、己と[5]名乗り出づらんこそ、いくばく[6]の風流ならん。③<u>ただ</u>、④<u>自称の句となすべし</u>。この句は我も珍重して、笈(おひ)の小文(こぶみ)[7]に書き入れける」となん。予が趣向はなほ二三等もくだり侍りなん。先師の意をもって見れ<u>ば</u>(B)、少し狂者(きゃうじゃ)[8]の感もあるにや。

（「去来抄」）

語注

1 **先師**＝芭蕉(ばしょう)のこと。
2 **上洛**＝京に上ること。
3 **酒堂**＝芭蕉の弟子の一人。
4 **山野吟歩**＝句を考えながら、山野を歩き回ること。
5 **己と**＝自分から。
6 **いくばく**＝どれほど。
7 **笈の小文**＝芭蕉の紀行文。
8 **狂者**＝風流に徹した人のこと。

(1) **二重傍線部A「ど」・B「ば」の意味用法として最も適切なものを次からそれぞれ選び、記号で答えよ。**（10点×2）

ア 順接仮定条件　**イ** 順接確定条件
ウ 逆接仮定条件　**エ** 逆接確定条件

A（　　）　B（　　）

(2)☆ **傍線部①「いかが侍るや」の意味として最も適切なものを次から選び、記号で答えよ。**（20点）（　　）

ア どうすればよいのでしょうか。
イ どうしてこんなことになってしまったのでしょうか。
ウ どういうふうに考えているのでしょうか。
エ どうしてもこのようにならざるをえないのでしょうか。
オ どのようにお思いでしょうか。

読解のポイント

(1) 「さらに知っておこう」を参照。
(2) 「いかが」は、「どのように・どうして」の意の副詞。ここでは、去来が先師に何を聞いているのかに注目する。

(3) 傍線部②「騒客」の意味として最も適切なものを次から選び、記号で答えよ。(15点)

ア 旅に生きる人　イ 風流な詩人　ウ 評判の高い人

エ 吟遊詩人　オ 心の落ちつかない人

（　　）

(4) 傍線部③「ただ」の意味として最も適切なものを次から選び、記号で答えよ。(15点)

ア 直接的に　イ ためらわずに　ウ じっくりと

エ 漫然(まんぜん)と　オ 何はともあれ

（　　）

(5) 傍線部④「自称の句となすべし」とあるが、「予」と「先師」のこの句に対する解釈の違いを具体的に説明せよ。(30点)

（　　）

(3) 月を賞(め)でる人だから、どれが適切か判断できる。

(4) 「ただ」には、形容動詞(普通だ・空しい・手を加えていない)と、副詞(①ただ・全く ②まっすぐに・直接に・すぐに・まるで)の二通りのとり方がある。ここでは、副詞にとっていけば文脈が通じる。

出典紹介

■「去来抄」について

向井去来が著した俳諧論書。宝永元(一七〇四)年ごろ書かれた。「先師評」「同門評」「故実」「修行教」の四部からなる。蕉風俳諧の本質を知る重要な資料とされている。

さらに知っておこう

接続助詞――「ば」「とも」「ど・ども」――

①未然形＋ば＝順接仮定条件(……ナラバ、……トシタラ)

例 かやうのことし給はば(こんなことをなさるのならば)

②已然形＋ば＝順接確定条件(……ノデ、……トコロ、……ト)

例 海荒ければ舟いださず(海が荒いので……)

例 見れば、渡殿(わたどの)の火も消えにけり(見たところ、……)

③終止形・形容詞連用形＋とも＝逆接仮定条件(……テモ)

例 長くとも四十に足らぬほどにて死なん(たとえ長くても……)

④已然形＋ど・ども＝逆接確定条件(……ケレド)

例 あやしき下﨟なれども、聖人の戒(いまし)めにかなへり(……であるけれど、……)

例 二人行けど行きすぎがたき山(二人で行くけれど……)

時間 20分
合格 70点
得点 　点

月　日

解答→別冊28ページ

その五月(さつき)のついたちに、姉なる人、子うみてなくなりぬ。よそのこと[1]ⓐだに、をさなくよりいみじくあはれと思ひわたるに、ましていはむかたなく、あはれ悲しと思ひ歎(なげ)か①る。母などは皆なくなりたる方[2]にあるに、形見[3]にとまりたるをさなき人々を左右に臥(ふ)せたるに[4]、あれたる板屋のひまより月のもり来て、ちごの顔にあたり②たるが、いとⓑゆゆしくおぼゆれば、袖をうちおほひて、いま一人をもかきよせて、思ふぞいみじきや[5]。

そのほど[6]過ぎて、親族なる人のもとより、「昔の人の、かならずもとめておこせよ、とあり③しかばもとめしに、その折はえ見出でずなりにしを、今しも人のおこせたるが、あはれに［A］」とて、かばねたづぬる宮[7]といふ物語をおこせたり。まことにぞあはれなるや。かへりごとに、

うづもれ④ぬかばねを何に［B］苔の下には身こそなりけれ

乳母(めのと)なりし人、「今は何につけてか[8]」など、泣く泣くもとありける所に帰りわたるに、

ふるさとにかくこそ人は帰りけれあはれいかなる別れなりけむ

（「更級日記(さらしなにっき)」）

(1)☆ 傍線部ⓐ「だに」と対応している語を文中より抜き出せ。（15点）

（　　　　）

(2) 傍線部ⓑの意味として最も適切なものを次から選び、記号で答えよ。（15点）

（　　　　）

語注

1 **よそのこと**＝他人の死。死別。
2 **なくなりたる方**＝姉の遺体を安置してある部屋。
3 **形見にとまりたる**＝姉の形見としてあとに残った。
4 **左右に臥せたるに**＝姉の遺児は二人だったことがわかる。二人とも女だったらしい。以後、作者はこの姪(めい)の世話をする。
5 **思ふぞいみじきや**＝姉の死と遺児たちの行く末などを思うと、やるせないなあ。
6 **そのほど**＝姉の死後の法要などのこと。
7 **かばねたづぬる宮**＝今残っていない物語の名。内容も不明。
8 **今は何につけてか**＝このあとに「あらむ」が省略されている。今となっては何を頼りにここにとどまろうか。もう何のよすがもなくなった、の意。

ア 寒々と　イ 平凡に　ウ 立派に
エ さわやかに　オ 不吉に

(3) **傍線部①〜④の助動詞の文法上の意味として最も適切なものを次から選び、記号で答えよ。**（10点×4）

ア 受身　イ 打消　ウ 過去　エ 可能　オ 存続
カ 強意　キ 断定　ク 自発　ケ 推量　コ 尊敬

①（　）②（　）③（　）④（　）

(4)☆ **A・Bに入る最も適切な語句を次から選び、記号で答えよ。**（15点×2）

A｛ア うつくしきこと　イ おもしろきこと　ウ かなしきこと
エ すさまじきこと　オ をかしきこと｝

B｛ア たづねけむ　イ たづねてむ　ウ たづねなむ
エ たづぬらむ　オ たづぬべし｝

A（　）B（　）

さらに知っておこう

副助詞——だに・すら・さへ——

①**だに**＝程度の軽いものをあげて、程度の重いものを言外に示す。

例 ほたるばかりの光だになし（ほたるくらいの光さえない）

②**すら**＝極端なものをあげて、平凡なものを言外に示す。

例 聖などすら、前の世のこと夢に見ることはいと難（かた）かなる（聖などでさえ、前世のことを夢に見るのはたいへん難しいのに）

③**さへ**＝添加の意を示す。

例 もの悲しと思ふに時雨さへうちそそぐ（もの悲しく思われるのに、その上時雨までも降ってくる）

読解のポイント

(1) 「だに」は、程度の軽いものをあげて、それより重いものを類推させるときに使う副助詞。

(2) 母を亡くした寝ている乳児の顔に、月の光があたっている情景を考えてみるとよい。その後の作者の行動も参考になろう。

(4) Aは、頼まれていたものが死後に来ることに対する思い。Bは、どうして探し求めたのだろう、の意。それに合う助動詞を探せばよい。

出典紹介

■「更級日記」について

51ページに既出。本問の文は、「野辺の笹（ささ）原（はら）」の一節。

装丁デザイン　ブックデザイン研究所
本文デザイン　A.S.T DESIGN

大学入試 ステップアップ 古文【基礎】

編著者　大学入試問題研究会
発行者　岡 本 泰 治
印刷所　寿 印 刷

発行所　受験研究社

©株式会社 増進堂・受験研究社

〒550-0013 大阪市西区新町2丁目19番15号
注文・不良品などについて：(06)6532-1581(代表)／本の内容について：(06)6532-1586(編集)

Printed in Japan　高廣製本
落丁・乱丁本はお取り替えします。

ア 寒々と　**イ** 平凡に　**ウ** 立派に
エ さわやかに　**オ** 不吉に

(3) **傍線部①〜④の助動詞の文法上の意味として最も適切なものを次から選び、記号で答えよ。**（10点×4）

ア 受身　**イ** 打消　**ウ** 過去　**エ** 可能　**オ** 存続
カ 強意　**キ** 断定　**ク** 自発　**ケ** 推量　**コ** 尊敬

①（　　）②（　　）③（　　）④（　　）

(4)★ **A・Bに入る最も適切な語句を次から選び、記号で答えよ。**（15点×2）

A ｛**ア** うつくしきこと　**イ** おもしろきこと　**ウ** かなしきこと
　　エ すさまじきこと　**オ** をかしきこと

B ｛**ア** たづねけむ　**イ** たづねてむ　**ウ** たづねなむ
　　エ たづぬらむ　**オ** たづぬべし

A（　　）B（　　）

○読解のポイント

(1) 「だに」は、程度の軽いものをあげて、それより重いものを類推させるときに使う副助詞。
(2) 母を亡くした寝ている乳児の顔に、月の光があたっている情景を考えてみるとよい。その後の作者の行動も参考になろう。
(4) Aは、頼まれていたものが死後に来ることに対する思い。Bは、どうして探し求めたのだろう、の意。それに合う助動詞を探せばよい。

出典紹介

■**「更級日記」について**
51ページに既出。本問の文は、「野辺の笹(ささ)原(はら)」の一節。

さらに知っておこう

副助詞——だに・すら・さへ——

①**だに**＝程度の軽いものをあげて、程度の重いものを言外に示す。
例 ほたるばかりの光だになし（ほたるくらいの光さえない）

②**すら**＝極端なものをあげて、平凡なものを言外に示す。
例 聖などすら、前の世のこと夢に見ることはいと難(かた)かなるを（聖などでさえ、前世のことを夢に見るのはたいへん難しいのに）

③**さへ**＝添加の意を示す。
例 もの悲しと思ふに時雨さへうちそそぐ（もの悲しく思われるのに、その上時雨までも降ってくる）

装丁デザイン　ブックデザイン研究所
本文デザイン　A.S.T DESIGN

大学入試 ステップアップ 古文【基礎】

編著者　大学入試問題研究会
発行者　岡　本　泰　治
印刷所　寿　　印　　刷

発行所　受験研究社

〒550-0013 大阪市西区新町２丁目19番15号
注文・不良品などについて：(06)6532-1581(代表)／本の内容について：(06)6532-1586(編集)

Printed in Japan　高廣製本
落丁・乱丁本はお取り替えします。

ひっぱると、はずして使えます。

大学入試 ステップアップ

STEP UP

古文

Basic 基礎

解答・解説

01 古文の常識 ① …… 4・5ページ

(1) ①ア ④イ
(2) ②わずらいて ③あそびあえりける ⑥かわらでいたりし
(3) 例重病だった娘がすでに死んだという意味。
(4) エ

ポイント

◆古文と現代文との違いの第一点は、**仮名遣い**に見られる。まずは、**歴史的仮名遣い**のポイントをおさえること。
◆ハ行音だけでなく、「ぢ・づ」「ゐ・ゑ・を」にも注意する。また、二か所以上直す場合も少なくないので注意する。

解説

(1) ①の「かなし」は、漢字では「愛し」と書き、しみじみとかわいい・切なくいとおしいの意。
④の「ののしる」は、大声を出して騒ぐ・大騒ぎする・うわさをするなどの意。現代語の「非難する」の意味で使われることはほとんどない。

(2) どれも語中のハ行音をワ行音に直す。②は「づ」にも注意。⑥は「は」と「ゐ」の二か所を直すことに注意。

(3) 「このこと」とは「娘の死」という事実を指す。「すでに」のあとには「起きた」という意味の言葉が続くと推測する。

(4) 「えしのび給はず」で、「耐え忍びなさることはできない」の意味を表す。「それしも」は「それでさえも」という強調を表す。嫉妬の感情は、身分の高い后でさえも抑えがたいものだと強調することで、嫉妬の感情に対する注意を促している。

現代語訳

西行法師が、在俗の時、かわいがっていた娘で、三、四歳くらいであったのが、重い病気になって、(命の)限界であったころ、院の(警備をする)北面の武士たちが、みなで弓を射て遊んでいたのに誘われて、不本意に一日中騒いでいたところ、従者の男が走って、耳に言葉をささやくと、事情を知らない人は、何とも思いはしない。西住法師が、まだ在俗で、源次兵衛尉と言っていたが、(その男に西行は)目を見合わせて、「このことがもう」と言って、人にも知らせず、そんな(娘の死を知らされた)様子もなく、少しの様子も変わらないでいたのは、めったにない心(のありよう)であると、西住が、のちに人に語った。

これらは、様子は違うけれども、すべてものに耐え忍ぶたぐい(のもの)である。心を落ち着かせない人は、何事も派手で、よろしくない身分の卑しい女などが、何か嘆いている声、様子は、隣の村(家)もつらく、どうして耐えられようかと聞こえるけれども、(続くのは)一日二日などにすぎない。のちには、そんな様子があったのかとさえ思わないのは、驚きあきれるほどだ。

また、女の嫉妬も、同様にこらえ自重するのがよい。身分の低い者は言うまでもなく、かなりよい人の中にも、その方面(傾向)の進む人につけては、無風流で、情けない評判を残すのである。中でも后はイナゴの類のように子孫が繁栄するという、「毛詩」の喩えがおありであった。嫉妬なさらないことは、中国の書物の文章に見えているけれども、それでさえも耐え忍びなさることはできない。

02 古文の常識 ② ……… 6・7ページ

(1) 四月の末ごろ。
(2) 例菖蒲や真菰の葉を手に取ってみると、水面下に隠れていた部分が思いのほか長かった様子。
(3) (i)いみじゅう (ii)例たいへん
(4) 皐月の三日
(5) 午前二時ごろ
(6) イ
(7) 明け侍りぬなり

ポイント

◆古典常識として、**月の異名・時刻・方位**は必ず覚えておくこと。
◆季節の行事もおさえておこう。

解説

(1) 「つごもり」は月末を意味する。「つごもりがた」で、「月末のころ」の意。なお、「大つごもり」は、おおみそかのこと。
(2) 水面の下に長い葉や茎・根の部分が隠れていたのである。
(3) 「じう」は「jiu→jyû」と直す。(ii)「いみじ」は、良し悪しにかかわらず程度の甚だしいさまを表す。
(4) 四月の末ごろに行き、五月三日に帰ったのである。五月は「皐月」。
(5) 子の刻が午前零時ごろ。丑の刻は午前二時ごろである。
(6) 「な—そ」は禁止を表す。「大殿籠りおはしまし」を禁止しているのである。寝ずに起きていた作者に対し、夜が明けてきたので今さら寝ないでしょうね、という気持ちである。
(7) 「私(作者・清少納言)」が「明け侍りぬなり」と言ったのを受けて、大納言が「この時間になって今さらおやすみなさいますな」と言った場面。寝たいと思っていないのにそのように誤解されてしまったため、「私」は、自分の独り言を後悔しているのである。

現代語訳

A 四月の末ごろに、長谷寺に詣でて、「淀の渡り」ということをしたところ、舟に牛車をそのまま乗せて(川を)行く時に、菖蒲(しょうぶ)・真菰などの先端が(水面から)短く見えたのを(人に)取らせたところ、(思いのほか)たいへん長かった。真菰を積んだ舟が行き来するのが、たいへん趣深いものだった。「高瀬の淀に」という歌は、これ(真菰を積んだ舟の様子)を詠んだのであるようだと思われて。五月三日帰った時に、雨が少しだけ降ったころ、菖蒲を刈ると言って、笠のたいへん小さいのをかぶりながら、(裾(すそ)をあげて)脛を長々と見せた男の子たちが(下り立って)いるのも、屏風絵に似てとても趣深い。

B 大納言様が参上なさって、漢詩文のことなどを(帝(みかど)に)申し上げるうちに、いつものように、夜がひどく更けたので、(帝と中宮との)おそばにいた人々(女房たち)は、一人二人ずつ姿を消して、御屏風や御几帳の後ろなどに、皆隠れて横になってしまったので、(私は)ただ一人、眠たいのを我慢してお控え申し上げていると、「丑四つ(午前二時ごろ)」と時刻を奏上するようである。「(夜が)明けてしまったようです」と、(私が)独り言を言うのを、大納言様は「今さらになって改めておやすみになりなさいますな」と言って、寝ることができるものと思っていなかったのを、嫌だ、どうしてそのように申し上げてしまったのだろうと思うけれども、別の人(他の女房)がいるならば、(それに)紛れて横にもなれよう(いまは、どうしようもない)。

03 覚えたい古語 ①

8・9ページ

(1) 例いたずら好きな侍女たちのこと。
(2) ①例うまい ②例めったにない ⑥例卑しい
(3) 例私(なにがしの大納言)のような取るに足りない身は、聞くことができません。
(4) 例堀川の内大臣殿の「岩倉で聞きましたでしょうか」という返事は少しも欠点がないのに対し、なにがしの大納言の「取るに足りない身」という返事はいやなものである。

ポイント

◆古語の基本の意味にあてはまらない場合は、**文脈**に即して訳を考える応用力が必要。
◆古文では、誰の言葉かわかりにくいので、**主語**をよく把握すること。

解説

(1) 女房たちの問いかけに対する返事がすぐ上手にできるかどうか、若い男たちを試す女房たちを評した「しれたる」だから、「いたずら好き」と訳す。

(2) ①の「よし」は、「すぐれている」の意で、よし—よろし—わろし—あしの順に善悪のレベルを示す。⑥の「あやし」には、「奇し・異し・怪し」と、「賤し」がある。「不思議だ」という原義から、貴人にとって粗末なもの、卑しいものは不思議と感じるので、「粗末だ」「卑しい」の意が生じた。

(4) 「むつかし」は、うっとうしく、不快な感じを表す形容詞である。なにがしの大納言の、自分を卑下した、おもしろくない返事に対する女房たちの思いである。

現代語訳

女が何か話しかけたのに対する返事を、すぐにうまい具合にする男はめったにいないものだ、というので、亀山院の御治世に、いたずら好きな女房たちが、若い男たちが参内なさるたびに、「(今年初めての)ほととぎす(の鳴き声)をお聞きになりましたか」と尋ねてお試しになった時に、なにがしの大納言とかいう方は、「私のような取るに足らぬ身は、聞くことができません」とお答えになった。堀川の内大臣殿は、「岩倉で聞きましたでしょうか」とおっしゃったので、「この返事は少しも欠点がない。『取るに足らぬ身』などは、いやなものだ」などと(女房たちは)評定し合った。

総じて男というものを、女に笑われないように立派に養育しなければならない、ということである。「浄土寺の前の関白殿は、幼い時に安喜門院がしっかりとお教え申し上げなさったために、お言葉などが立派なのだ」と、ある方がおっしゃったとかいうことだ。山階の左大臣殿は、「卑しい下女が拝見する折でもたいそう気まりが悪く、気配りをさせられることだなあ」とおっしゃった。もし女のいない世の中であったら、衣裳の着け方も冠のかぶり方も、どうなろうと、きちんと整える人もありますまい。

04 覚えたい古語 ②

10・11ページ

(1) イ
(2) ウ
(3) 例すばらしく
(4) 例(その人が)不純な意図がない(ことがわかるから。)(8字)
(5) 見えにしがな
(6) 心よき人のまことにかどなからぬ

ポイント

◆**指示する内容**は、前の部分に書かれている場合と、あとに出てくる場合がある。**場面**において判断すること。

◆副詞には、**呼応(陳述)の副詞**といって、呼応する言葉が決まっているものがある。「いかで」は、あとに助動詞「む」「べし」や助詞「ばや」などを伴い、疑問・反語、あるいは願望の意を表す。願望の意の場合は、あとに願望を表す言葉を伴う場合がある。

解説

(1) 形容詞「なし」の語幹「な」+接尾語「げ」で、ちょっとした・通りいっぺんの・誠意がないさま、の意。

(4) 面と向かっているとお世辞(せじ)ということがあるが、本人のいない所で言うのは、本心から出たものだからである。

(5) ③の「いかで」は、願望を表し、どうにかしての意。さらに「にしがな」という願望の意の終助詞もついていることから、判断できる。

(6) 直前の「また」は、並立というよりも、そうはいっても、という意にとれば、指示内容はわかりやすい。

現代語訳

どんなことよりも、(人は)思いやりの心のあることこそが、男はもちろんだが、女でもすばらしく思われる。ちょっとした言葉でも、(また)甚だしく心に深く思わなくても、気の毒なことに対しては、「お気の毒です」とも、かわいそうなことに対しては、「ほんとうにどんなに(か悲しく)思っていらっしゃることでしょう」などと言ったと、人より伝え聞いた時は、面と向かって言われたよりもうれしい。なんとかそう言ってくれた人に「やさしい心づかい身にしみました」とでも知らせたいものだなあ、といつも思うものだ。

(自分のことを)必ず心配してくれるはずの人や、(何かあった折は)きっと尋ねてくれるはずの人は、それは当然のことだから、とりたててうれしいこともない。(しかし、)そんなこともなさそうな人が、(私に対する)受け答えをも気安くしてくれたのはうれしいことである。(こんなことは)たいへん簡単なことなのだけれど、実際にはめったにあることではないものだ。

だいたい思いやりの心があってほんとうにとげのない人柄の人は、男でも女でもめったにいないもののようである。しかし、(広い世間のことだから)そういう人もけっこういるのかもしれない。

05 古文常識語の読みと意味 ……12・13ページ

(1) ①おとど ②かんだちめ ⑥こそ
(2) ③イ ④イ
(3) ⑤ア ⑧ウ
(4) ウ

ポイント

◆古文特有の読み方は覚えておくこと。特に、**現代語と同じ漢字で読みが異なるもの**には注意する。

解説

(1) ②「上達部」は、摂政・関白・大臣・大中納言・参議、および三位(さんみ)以上の者をいう。殿上人とともに中央官庁の中枢部を占める上級役人であった。

(2) ③現代でも「えも言われぬ」という慣用句で使われる。④「便なから」は「便なし」の補助活用の未然形。「ん」は推量の助動詞、「かし」は念を押す意味を表す終助詞。

(3) ⑤ラ行四段活用の動詞「なる」の連用形。⑧本文では「人なり(人だ)」という意味で、断定の助動詞である。

(4) 中納言を御覧になったのち、次の段落で、どうしてそのようになったのかという父の質問に、娘が理由を答えている。

現代語訳

その時、大臣・上達部で娘がいる人はすべて、「(中納言が)他の国の一時的な人であっても、こうしていらっしゃる間、自分の家の中に(婿(むこ)として)出入りさせ申し上げてみたい。そういう状態で(娘が中納言の)子どもを産んだならば、これほどすばらしい人の子孫をあとに残したようなことは、言葉にできないくらいすばらしいことだ」と、思い願わない人はなくて、そのような準備をしながら(中納言の)機嫌をおとり申し上げるが、(中納言は)「自分の国でさえ、そのようなことは考え及ばなかったのに、まして知らない国で、そのような振る舞いをしでかしたような場合には、たいそう都合が悪いだろうよ。万一そのようにでも(事態が)向かい始めてしまったならば、帰ろうとするような時に、きっと事態が悪くなるだろうよ」と思うので、ますます動けないが、一の后の父親である大臣が、たくさん(の子ども)の中で五番目にあたる娘で、特に並々でなく大切に育て養いなさっている(娘)が、去年の十月のとせい(という場所)の紅葉の季節の祝宴の皇帝のお出かけで(中納言を)御覧になってのち、むやみに横になり気がふさいで苦しんで、顔の血色も変わっていくので、一の大臣はたいそう驚き嘆いて、修法・読経など忙しく動き回りなさるけれども、(具合が)よくなる変化もない。

(一の大臣が)「どうして、このようでいらっしゃるのか」と嘆きなさると、(娘は)「日本の中納言が琴を弾いて音楽を楽しみなさるようなところを見たくございます。それで、少し気分がまぎれるかと(思います)。はっきりとせず、ひどく苦しいことはございませんが、ただ気が晴れないで気分がうっとうしいので」と答えなさると、父である大臣は「本当にあの人を見ると、病気も治り、きっと命も延びるに違いない気のなさる人だ。とてもよい具合に思いつきなさった。私が(中納言を)お出迎え申し上げよう」と言って、桜の花盛りがとても風情ある時に、(行列などを)輝くほど(立派に)行いながら、中納言がいらっしゃる高い建物に参上なさった。

06 古文特有の表現 ① ……………………………… 14・15ページ

(1) ①例 小ぎれいな ②例 かわいらしい
(2) (もとの形)べく (変化)ウ音便
(3) ぞ……遊ぶ・や……む 〈別解〉か……ぬる
(4) ⓑA連用 B尊敬 C補助
ⓓD例 身分 E例 退出 F謙譲
(5) 受身

ホイント
◆同じ単語でも、現代とは違う意味を表すことに注意する。

解説
(1) 大人に対する形容「清げなり」は、小ざっぱりして見た目が美しいことを表す。「美しげなり」は少女の容貌に対する形容だから、かわいらしいと訳す。現代語の「美しい」の意味は、中世以後出てきたといわれる。「げ」は、「いかにも……らしく見える」という意をそえる。
(2) 音便とは、発音がしやすいように、語のある音が変化すること。
(3) 「こそ」以外だと、「ぞ・なむ・や・か」のうちどれか。文中には三例ある。そのうち二例出せばよい。
(4) ⓑの「給ふ」は補助動詞で、尊敬と謙譲の両方の意味をもつ。下二段活用だと、謙譲。四段活用だと、尊敬。謙譲の場合は、「見る」「聞く」「思ふ」などにつく。
ⓓの「まかる」は、身分の高い人の所から退出するときに使う。身分の高い人の所へ行くときは「まゐる(参る)」。雀が出ていってしまったことに使っている。
(5) 受身の助動詞「る」の連体形「るる」。ここでは、少女の召し使いである犬君が主語で「お叱りをうける」のだから、受身となる。

現代語訳
小ぎれいな女房が二人ほど、それに子どもたちが部屋を出入りして遊んでいる。その中に「十歳ぐらいであろうか」と思われて、白い着物に山吹がさねのよく着なれたのを着て、走り出てきた女の子は、たくさん見えた女の子たちに誰ひとり似るはずもなく、とても成長後の美しさがうかがえてかわいらしい様子である。髪は扇を広げたように豊かで、顔はこすったため赤く泣きはらして立っている。

「どうしたのですか。ほかの子と争いでもなさったのですか」と言って尼君が顔をあげたところ、少し(その女の子と)似通っている所があったので、「(この尼君の)子どもであるようだ」と(光源氏は)見なさる。

「雀の子を犬君が逃がしたのよ。伏籠の中にとじ込めておいたのに」と言って(その女の子は)「とても残念だわ」と思っている。ここに座っていた女房が、

「またあのうっかり者が、こんなことをしでかしてお叱りをうけるのは、たいへん気に入らないわ。(雀は)どこへ行ったのかしら。たいへんかわいらしくなってきていたのに。烏などが(雀を)見つけたら困るわ」

と言って立ち上がり出て行った。

(1) 例 抑えなさることができなかったところ
(2) (i) 例 ご機嫌がたいそう悪くおなりになって
(ii) 例 世の中の贅沢を抑えようと苦労している時に、左大臣が派手な装束で参内したから。
(3) 例 具合の悪いことである
(4) **ウ**
(5) 例 左大臣が、先払いもさせずに急いで退出したから。
(6) ⓐ (i)使役 (ii)す (iii)連用形
ⓑ (i)過去 (ii)き (iii)已然形

ポイント

◆現代語には見られない**古文特有の呼応（陳述）表現**を理解する。
◆左大臣の行動の意味を理解する。

解説

(1) 「えしづめさせたまはざりしに」は、「え――打消」の形で「……することができない」の意。また、ここでの「に」は、「…すると」「…ところ」などの単純な接続を表す接続助詞。
(2) (i) 「気色」は、態度やありさま・機嫌。「あし」は「よし」に対する語で、不快で嫌悪の感じを表す。
(ii) 天皇が世の中の贅沢をなくそうと苦労しているのに、左大臣が派手な格好をして参内してきたのである。
(3) 「便なし」は、具合が悪いの意。覚えておきたい重要語の一つ。
(4) 天皇の命令であったけれど、すぐに退出せよとの言葉に左大臣が怒るのではないかと思い、職事はおそるおそる申し上げたのである。
(5) 左大臣が先払いもさせないほど急いで退出したので、不思議に思ったのである。
(6) ⓐ使役の助動詞「す」の連用形。助詞「て」の前は連用形と覚えておくとよい。ⓑ過去の助動詞「き」は、特殊な変化をするので注意。

現代語訳

延喜の帝（醍醐天皇）が、世の中の風俗習慣を取り締まりなさったが、度を越えた贅沢を抑えなさることができなかったところ、この殿（左大臣の藤原時平）が、定めを破った装束で、とりわけ立派な装束を身につけて、宮中に参内なさって、殿上の間に伺候（しこう）なさっているのを、帝が蔀のある小窓からご覧になって、ご機嫌がたいそう悪くおなりになって、蔵人をお呼びになって、「世の中の度を越した贅沢の定めを厳しくしている折に、左大臣が、最高の位にある者とはいえども、格別に派手な格好で参内しているのは、具合の悪いことである。早く退出せよという旨を命じよ」とおっしゃったので、お受けした蔵人は、「どういうことになるのか」と恐ろしく思ったけれど、（左大臣のところへ）参上して、わなわなとふるえながら「これこれ（です）」と申し上げたところ、（左大臣は、）たいそう驚いて、かしこまってお受けして、御随身が先払いするのもおやめなさって、急いで退出なさるので、前駆（ぜんく）（馬で先導する）の者たちも不思議だと思った。そして、（左大臣の）邸の御門を一月ほど閉じさせて、御簾の外にもお出にならず、人が参上しても「（帝の）おとがめが重いので」といって、お会いにならなかったということで、世の中の度を越えた贅沢はおさまった。ひそかによく（事情を）お聞きしたところ、そのようにしてこそ（世の中の贅沢が）しずまるだろうということで、（左大臣が）帝と心を合わせてなさったということだ。

08 古文特有の表現③ ………… 18・19ページ

(1) Ⅰをる　Ⅱましか　Ⅲ早から　Ⅳける
(2) き
(3) イ
(4) ③イ　④イ　⑤ウ

ポイント
◆疑問や反語の表現は、現代語訳などで問われることが多い。基本的な形を確実に身につけること。
◆場面の状況を正確につかむことがポイント。

解説
(1) Ⅰ直後の「を」は格助詞で、連体形に接続する。Ⅱ直後の「ば」はここでは仮定を表すため、「まし」の未然形「ましか」があてはまる。これは反実仮想の用法。Ⅲ助動詞「む」は未然形に接続する。形容詞「早し」の補助活用(カリ活用)の未然形は「早から」。Ⅳ前に係助詞の「なむ」があるので、連体形の「ける」で結ぶ。
(2) 海に落ちた虎が、海中から出て来たということ。「ぬ」は完了を表す助動詞で、連用形に接続する。「来(く)」の連用形は「き」。
(3) 虎の左前足の様子を見て、「鮫に食い切られたことよ」と詠嘆の意を表している。ほかの選択肢は過去。
(4) ③「いかに/する/に/か」と分けられる。現代語訳すると、「どのようにするというのか」の意味。④「なから」は「半分・ほとんど」、「死に入る」は「死んだようになる・気絶する」の意味。⑤「どんなことができるというのか、いや、何もできない」という意味合い。力強く素早い虎に対しては、何もできないということである。

人々のあきらめを文脈から読み取る。

現代語訳
舟を漕いで急いで行くにつれて、この虎に注意して見る。ちょっとの間だけ(間が)あって、虎は、海から出て来た。(虎は)泳いで陸の方に上がって、水際にある平らな石の上に上がるのを見ると、左の前足を、膝から嚙み食い切られて、血が流れ出ている。鮫に食い切られたことよと見ている間に、その切れている所を(海の)水に浸して、低く伏しているのを、どうするつもりかと見ていると、沖の方から、鮫が、虎の方を目指してやって来ると見ているうちに、虎は、右の前足で、鮫の頭に爪をうち立てて、(鮫を)陸の方へ投げ上げると、(鮫は)一丈ばかり(岸から)浜(の方)へ投げ上げられた。(鮫は)あおむけになってばたばたと騒ぐ。(虎は鮫の)あごの下に飛びかかって嚙んで、二度三度ほど振り回して、なよなよとさせて、(鮫を)肩にひっかけて、指を(まっすぐに)立てたようである(険しい)岩の五、六丈(の高さの)ある所を、三本の足で、下り坂を走るように登って行くので、舟の中にいる人々は、これ(虎)の行いを見ると、ほとんど気絶しそうだった。(あの虎が)舟に飛びかかっていたならば、優れた剣、刀を抜いて立ち向かっても、これほど力が強く素早いようなのには、どうすることもできないと思うと、正気を失って、舟を漕ぐ心地もなくて(舟を漕いでいるのもわからないほどぼうぜんとして)、(それでもなんとか)筑紫に帰ったとかいうことだ。

09 古文読解の基礎 ① ……… 20・21ページ

(1) ①ウ ②ア ③ア ④オ
(2) ⓐイ ⓒア
(3) ⓑエ ⓓオ
(4) オ

ポイント

◆**会話主**が誰であるかを正確に把握し、文の内容を理解する。

解説

(1) ①「せたまふ」という二重敬語が用いられていることからも、会話主が「一の人」であることがわかる。②「一の人」に言われて「かれ(時光)が家」に行ったのは武能。③「言はせけれ」の「せ」は、使役の助動詞。武能が取り次ぎの者に言わせたのである。④家の中に呼び入れたのは時光。

(2) ⓐ「習ふ」は習得する。笙の笛の道を習得していた法師がいたのでその人に教わったというのである。ⓒ「何をか……」となっていることからも判断できる。

(3) ⓑ「心ゆく」は、「心行く」と書き、自分の思うままに心が行くことから、晴れ晴れする・満足するの意となる。ⓓ「こと人」は、「異人」と書き、ほかの人の意。

(4) 「たはやすし」は、容易である・かるはずみである、の意であるが、連用修飾語として、あとに打消語を伴って用いられることが多い。**オ**もその用法で、「簡単に…しない。」

現代語訳

あの武能も、笙の笛の道の名人であったが、誰でいらっしゃったろうか、摂政関白であった人が「誰に習ったのか」とお尋ねになったので、「その道の者ではない法師とかで、よく習得していた人がいた、その人に教わっております」などと申し上げたところ、「やはり時光の弟子になるのがよい」とおっしゃったのをお受けして、名簿を書いて、時光の家にやって来て、「誰それ(武能)がやって参りました」と(取り次ぎに)言わせたところ、(時光は)「(自分に)競争心をもって、数年来このように来た者はないのに」と言って、驚いて呼び入れたので、(武能が邸内に入ると)時光は、放ち出で(という建物)で笛を修繕していたので、武能が、庭に座って上に上がらなかったところ、(時光は)袖の端を引っぱって上がらせて、「どうして(来たのか)」と尋ねたので、「殿のご命令によって御弟子になるつもりで参上したのです」と言うと、たいそう満足して、「何をお習いになるつもりか」と言うので、「大食調の入調です。まだ知らないものなので、これをうかがおうと思っております」と言うと、顔色が変わって、長男でありました公里が前にいたが、「この童に教えましてからのちに、そのほかの人にお授けいたそうと思う。この調べはすぐに習おうとお思いにならないことだ」と言ったので、「この君が教えられるようになるのは、すぐさまのことでないだろう」と思って、名簿を取り返して、何年か経ってのちに、思慮深く様子をうかがって、聞こうとしたのだった。

昔のその道の師匠は、このように思慮深くて、簡単には授けなかったのだ。

10 古文読解の基礎 ② ……… 22・23ページ

(1) ①エ　③イ　⑤ウ
(2) ⓐC　ⓑB　ⓒA
(3) ②例 気落ちしている木曾義仲を励まし、奮起を促す意図。
④例 木曾義仲の名誉のために自害するようさとす意図。

ポイント

◆尊敬語と謙譲語に着目し、誰の動作かをとらえる。

解説

(1) ①は尊敬語「のたまふ」だから、主人の木曾殿。③は謙譲語「申す」から家臣の今井とわかる。⑤は二重カギの会話文の話し手である「それがし」が、誰であるかをおさえる。

(2) もとの形は、ⓐうちて・ⓑとりつきて・ⓒ口惜しく　となる。

(3) ②・④とも、今井四郎が木曾殿を思いやっての言葉である。互いに相手を思いやる深い友情、主従愛とでもいえるつながりで結ばれている二人である。②では弱気になった木曾殿を励まし、④では、立派な最期を遂げるように促すためのものである。本当は一緒に死にたかったろうが、木曾殿のことを第一に考えての言葉である。

現代語訳

今井四郎と、木曾殿の、主従二騎だけになって(木曾殿が)おっしゃることには、「普段はなんとも思わない鎧が、今日は重くなったよ。」今井四郎が申し上げたことには、「お体もまだお疲れになってはおりません。御馬もまだ弱ってはおりません。どうして一領の御着背長を重くお思いになるはずがありましょうか。それは御方に味方がございませんので、臆病でそのようにお思いになるのでございます。兼平一人がおりましても、ほかの武者千騎とお思いになってください。矢が七、八本ございますので、しばらく防ぎ矢をいたしましょう。あれに見えるのが、粟津の松原と申します。あの松の中で御自害ください。」と言って、馬を走らせていくうちに、また新手の武者が五十騎ほど出てきた。「殿はあの松原へお入りください。兼平はこの敵をお防ぎしましょう。」と(今井四郎が)申し上げたところ、木曾殿がおっしゃったことには、「義仲は都でどのようにでもなるはずであったが、ここまでのがれてきたのは、お前と同じ所で死のうと思うためであったのだ。別々の所で討たれるよりも、同じ所で討死をしよう。」と言って、馬の鼻を並べて駆け出そうとなさるので、今井四郎は馬から飛び降り、主君の馬の口にとりついて申し上げることには、「武士は長年来、立派な手柄がありましても、最期の時に失敗すると末代までの不名誉になります。お体はお疲れになっています。あとに続く兵力はございません。敵に二人の間を隔てられ、取るに足りないつまらない人の家来に組み落とされなさいまして、お討たれになってしまうと、『あれほど日本国中で有名でいられた木曾殿を、自分の家来が討ち申し上げた』などと申すことは残念です。ただあの松原へお入りください。」と申し上げたところ、木曾殿は「それならば」と言って、粟津の松原へ馬を走らせなさる。

(1) A成方
B俊綱 〈別解〉伏見修理太夫俊綱朝臣
C俊綱 〈別解〉伏見修理太夫俊綱朝臣
(2) 例 成方が俊綱に大丸を売ること。
(3) 例 成方(が)俊綱の邸(に帰ってきた。)
(4) エ
(5) 例 愚か
(6) 例 俊綱は初めはひどく勢い込んでいたけれども、最終的には成方に出し抜かれてしまったのである

ポイント
◆説話は**登場人物の関係**をおさえ、話の展開をつかむことがポイント。
◆**指示語**の内容を具体的につかむこと。

解説
(1) A成方は、入道殿からもらった大丸という笛をいくら大金を積まれても売らなかった。B成方を召したのが俊綱であることからも判断できる。Cすぐあとの会話も俊綱のもの。
(2) 直接的には「売るべきのよし」を指している。このことは、俊綱がたくらんで勝手に使いの者に言わせたことだったので、成方にしてみれば、「さること申さず」となるわけである。
(3) 前の段落で、成方は笛を持って来るために暇をもらって自分の家に戻っている。そして、笛を持って再度俊綱の家に帰ってきたのである。
(4) 「かまふ」は、「構ふ」と書き、故意につくる・計画する、の意。
(6) 「いだしぬく」は、他人をだまして自分が先に行うこと。「れ」は受身の助動詞「る」の連用形。つまり、俊綱が成方に出し抜かれたということ。

現代語訳
成方という笛吹きがいた。御堂入道殿(藤原道長)から大丸という笛をいただいて、吹いていた。すばらしいものであるので、伏見修理太夫俊綱朝臣が(その笛を)欲しがって、「千石で買おう」と言ったけれども、(成方が)売らなかったので、(俊綱は)計略をめぐらして使者を送り、(成方が笛を)売ろうという話を言っていた。(という)いつわりを(言うように)言いつけて、成方をお呼びになり、「笛を(私に)あげようと言ったのは、かねてからの望みである」と喜んで、「値段はお前の要求どおりにしよう」と言い、「さあ、ぜひとも買おう」と言ったので、成方は青くなって、「そのようなことは申していません」と言う。

(そこで俊綱は)この使者をお呼び寄せになり、お尋ねになったところ、(使者は)「確かに申しました」と言うので、俊綱はひどく怒って、「人をいつわり、だますのは、その罪が、軽くないことだぞ」と言い、(成方を)下僕の詰所に下げ渡して、木馬に乗せ(て拷問をし)ようとしたので、成方が言うことには、「お暇をいただいて、この笛を持って参りましょう」と言ったので、(見張りの)人を付けて(望み通り)戻らせた。

(成方は)帰ってきて、腰から笛を抜き出して言うことには、「この笛のせいで、このような(つらい)目を見るのだ。にくたらしい笛だ」と言って、軒の下に下りて、石を取り、灰のように(なるまで粉々に)打ち砕いてしまった。

太夫は、笛を手に入れようと思う望みが深いゆえに、さまざまなた

くらみごとをしたのだった。(笛が壊れた)今はどうしようもないので、罰するに至らないで、(成方を)追放してしまった。

あとで聞くと、(成方は)違う笛を、大丸だと言って打ち砕いて、もとの(本物の)大丸は変わらず吹いていったので、太夫が愚かであったということで終わってしまった。(俊綱は)初めはひどく勢い込んでいたけれども、最終的には(成方に)出し抜かれてしまったのである。

---

12 古文読解の基礎 ④ ……………… 26・27ページ

(1) ⓐ**ウ** ⓑ**ア** ⓒ**ウ** ⓓ**ア**
(2) ①**エ** ②**オ**
(3) **エ・カ**(順不同)

ポイント

◆「徒然草」などの**随筆**は、まず**主題**をつかむことが大切。**文頭や文末の表現**に着目し、筆者の主張を理解すること。

解説

(1) ⓑ「道」は仏道、「行」は修行のこと。ここではサ変動詞「行ず」の未然形に、意志の助動詞「む(ん)」がついた形。ⓒ「無常」は人生のはかないことをいうが、ここでは「死」を意味する。ⓓ「自他」は自分と相手方で、「要事」は大切な用事。

(2) 冒頭の一文から、筆者は「仏道修行」を大切と考えていることがわかる。それをまずすべきで、他の世俗的な雑事にかまけていてはならないと言うのである。

(3) 大事なことをするためには、他のいろいろなことを捨て去るべきであるということ。

現代語訳

年をとってから、初めて仏道を修行しようと待っていてはならない。古い墓は、その多くは年少で死んだ人の墓である。思いがけなくも病気になって、急にこの世を去ろうとする時にこそ、はじめて過ぎ去ってしまった時間の(過ごし方が)間違っていたことが自然とわかるようだ。(この)間違いというのは、ほかでもない。すみやかにすべきこと(仏道修行)を後回しにして、ゆっくりとすべきこと(世俗的な雑事)を急いでやって、過ぎ去ってしまったことが悔やまれるのである。その時になって後悔しても何の効果があろうか。（いや、何の効果もない。）人はただ、無常すなわち死がもうすでにわが身に迫っていることを心にしっかりとおいて、ちょっとの間も忘れてはならないのである。そうであるならば、どうして現世の煩悩も薄くなり、仏道修行する心持ちもまじめでないことがあろうか。（いや、煩悩も薄く、まじめであるに違いない。）

「昔いた、徳の高い僧は、人が来て、お互いの大切な用事を話す時に、答えて言うことには、『今、非常にさし迫ったことがあって、もう目の前に迫っている』と言って、耳をふさいで念仏をし、ついに極楽往生を遂げた」と、「禅林の十因」に書いてある。（また）心戒という高僧は、あまりにこの世のはかないことを思って、静かにちょっとすわっていたことさえなく、いつもしゃがんでばかりいたということだ。

---

13 敬語 ①

28・29ページ

(1) ①尊敬語・鳥羽天皇　⑦尊敬語・堀河天皇
(2) 鳥羽天皇
(3) 例 安静にしていらっしゃいなさい
(4) ④謙譲語・堀河天皇(に)　⑤謙譲語・堀河天皇(に)
(5) 例 姿を見られ申し上げないようにしようと私が思っているのであるようだと、堀河天皇がお思いになって

ポイント

◆敬語は、常に**誰から誰への敬意か**を意識しておく。主語が示されていなくても、どのような敬語が使われているかで、登場人物の**誰の言動か**を把握できるようにしておく。

解説

(1) 「せ・させ＋給ふ」は最高敬語といわれるもので、天皇・皇后・皇太子などの最高の地位にある人物に対して用いられる。

(2) 「大殿ごもる」は「寝」「寝ぬ」の尊敬語で「(寝所で)お休みになる」の意味。初めの一文は現在の場面で、目の前で寝ているのは幼い鳥羽天皇である。

(3) 副詞「あなかしこ」は禁止表現を伴って用いられると、「決して(…するな)」の意味を表す。白河法皇が堀河天皇の病状を気遣って、「安静にしているように」と言っているのである。

(4) 謙譲語は行為をするものを低めることによって、行為の対象にあたるものへの敬意を示す表現。④は、白河法皇が堀河天皇に言っている会話文のあとについている。⑤は、殿(＝藤原忠実)が堀河天皇に近寄った行為についてのものである。どちらも作者からの敬意。

(5) 文脈から、忠実公が入ってきて居づらくなった作者が、退出しようとしていることをおさえる。「思ふ」の主語は作者、「見え」は「(姿を)見られる」、「まゐらせ」は謙譲の補助動詞、「じ」は打消意志の助動詞で、関白に姿を見られたくないと思っているということ。続く「なめり」は推定を表し、「おぼす」が尊敬語であることも考え併せると、「おぼす」の前まではすべて推定の内容となり、推定しているのは堀河天皇となる。

現代語訳

鳥羽天皇がお眠りになっていらっしゃる方を見ると、いかにも幼い様子でお休みになっているのが、(昔の堀河天皇の時とは)お変わりになったと思われる。

一昨年のころに、これと同じように夜も昼も(堀河天皇の)おそばにお仕え申し上げた時に、ご病気はお治りになっていたけれども、白河法皇から、「決して、よく用心して、夜の御殿をお出にならないで、しばらくは(安静にしていらっしゃいなさい)」と申し上げなさったので、することのないのに任せて、たわいもない話や、昔のこと今のことを、語り聞きなさっていた時に、関白藤原忠実殿が(堀河天皇の)背後の方にお近寄り申し上げたので、(私が)そのままでお控え申し上げるようなことは、失礼でみっともないと思われたので、起き上がって退こうとしたところ、(忠実殿に姿を)見られ申し上げないようにしようと(私が)思っているのであるようだと(堀河天皇が)お思いになって、「構わずにいなさい。几帳を作り上げよう」と言って、お膝を高くして、(その)陰に(私を)お隠しになっていたお心遣いのもったいなさは、今しがたのことのような感じがする。

14 敬語②

30・31ページ

(1) Aア Bオ Cイ Dイ
(2) ①ウ ②ア ③イ
(3) ⓐア ⓑエ ⓒイ

ポイント

◆**敬語**の使われ方に注意して**登場人物の関係**を把握する。

解説

(1) A直前の会話文は北の方のもの。C二段落目は「播磨には」で始まっており、その後のC「思し」・D「思は」の動作はいずれも播磨にいる帥殿のもの。D前後の動作主にも着目する。最後の「上りたまふ」の動作主が帥殿であることからも判断できる。

(2) ①北の方は死ぬ前に帥殿に会いたい会いたいと言うが、播磨に左遷されている帥殿を呼び寄せることは朝廷の怒りをかうことになる。北の方の兄弟たちにとっては、それが「恐ろし」なのである。②直訳すれば、「都を見ることなく死ぬだろう」(「め」は推量の助動詞「む」の已然形)。つまり、このまま播磨を出ることができず死ぬだろうの意。

(3) ⓐ「見たてまつり」の「たてまつり」は、謙譲の補助動詞で帥殿の北の方に対する敬意。ⓑ「させたまひ」は二重敬語で、公に対するもの。ⓒ「思したち」の「おぼす」は、「思ふ」の尊敬語で、作者の帥殿に対するもの。

現代語訳

あっけなく秋にもなってしまったので、世間はいよいよしみじみと物寂しく、荻の葉を吹く風の音も、遠き配所にいる(伊周たちの)ご様子のはかなさに重ね合わせて思われなさった。（伊周が左遷されている）播磨からも（弟の隆家が左遷されている）但馬からも、毎日お使いの者が（北の方のところに）通い参上する。北の方のご病状がいよいよ重くなってしまったので、ほかの事は何も口にせず、「帥殿（伊周）に今一度お会いして死のう。帥殿に今一度お会いして死のう」ということを、寝ても覚めてもおっしゃるので、中宮様もたいへん心配なことだとお思いになり、北の方の兄弟たちも、どのようになるのであろうかとあれこれ思い悩むが、やはり（北の方に帥殿を会わせるのは憚ら(はばか)れることであると）とても恐ろしい。北の方はしきりに（伊周が）恋しくて泣き申し上げなさる。（そばで）見聞き申し上げている人々も心穏やかでなく思い申し上げている。

（一方）播磨では（伊周が、北の方のご様子を）このようにお聞きになって、どうしたらよいことであろうか、帰京したことが知れたなら、私の身はいよいよ無用の者となってしまって、（もう二度と）都を見ないで死ぬだろうなどと、いろいろと思い続けなさって、ただあれこれと（悩むうちに）涙ばかりが絶え間なく流れることである。なるようになれ、この身はもうどうなってもいい、これ（母親の死に目に会えないこと）以上に悲しいことはないだろうと、お思いになって、母親が臨終を迎えようとしていらっしゃるのをお見舞い申し上げたとして、朝廷がますます罰をお加えになり、神や仏も自分を憎みなさるならば、やはりそうなるべき運命であったようだと思うことにしようと、心にお決めなさって、昼夜を分かたず上京なさる。

15 和歌の修辞 …… 32・33ページ

(1) A **ア**　B **ウ**
(2) A **エ**　B **イ**
(3) **イ**
(4) **ウ**
(5) **ウ**

ポイント

◆**和歌**を詠むときは、**枕詞・序詞・掛詞・縁語・体言止め**など、いくつかの修辞法に注意すること。

◆**解釈**するときは、作者が**どこ**で、どういう**状況**の中で、どんな**思い**で詠んだものかを考える。

解説

(1) Aは、霞(かすみ)があるので春。Bは、秋の中で一番よい時間は夕べではなく朝だと言っているので、季節は秋。

(2) Aは、「夕べ」について言っているので夕暮れ。

(3) 「けむ」は過去の推量を意味する助動詞である。「どうしてそう思ったのだろうか」という意味だから、**イ**となる。

(4) 意味の上での切れ目はどこかを考えると、A・Bとも、三句めで切れる。

(5) **ア**は、古今和歌集。**イ**は、拾遺和歌集。**ウ**・**エ**は新古今和歌集からの歌である。**ア**は季節の変化の速さ、**イ**は以前より苦しさが増したこと、**エ**は昔がなつかしいことを言っているので、**ウ**が正解。都と旅先の宿で見る月を比べ、今見ている旅先での月の方がすばらしいと言っている。

現代語訳

A　ずっと眺めわたすと、山のふもとはかすんで水無瀬川が流れている。（この美しい春の夕景色を見ていると）夕暮れの景色は秋だとどうして（今まで）思っていたのだろう。

B　薄霧のかかっている垣根の花が、朝しっとりとしめっている景色を見ていると、秋の景色は夕暮れがよいなどといったい誰が言ったのであろうか。

〈(5)の和歌の現代語訳〉

ア　早苗をとって田植えをしたのはつい昨日のことだったように思われるのに、もう秋風が吹き、稲葉がそよいで音を立てていることであるよ。

イ　あなたに逢って契りを結んだのち、かえってより悩ましく切なく思われるようになった今の心に比べたら、いちずに恋い焦がれていた昔の苦しみはもの思いのうちにも入らなかったのだなあ。

ウ　都で月を趣あるものと感じたのは、今この旅先の宿で見る月のしみじみとした趣にくらべると、数に入らぬ慰みごとであったことだ。

エ　この先生きながらえたならば、また今のこのつらいと思っているころがなつかしく思い出されることであろうか。昔のつらいと思ったころのことが今では恋しく思われるのだから。

16 品詞分解の仕方

34・35ページ

(1) **イ**
(2) 一月
(3) **ア**
(4) ④**ウ**　⑤**ウ**
(5) **エ**
(6) **ア**
(7) **エ**
(8) **ウ**
(9) **エ**

ポイント

◆**品詞分解**の仕方は古典文法理解の基本。まず、品詞分解が確実にできるようになりたい。

解説

(1) 「つかうまつる」で、お仕え申し上げるの意。
(2) 睦月は一月のこと。月の異名はすべて覚えておきたい。
(3) ここでは「えまうでず」で、「おたずねすることができない」。直前に「常には」があるから**ア**が正解となる。
(4) ④のあとの「に」は断定の助動詞「なり」の連用形で、連体形に接続する。⑤は係助詞「なむ」の結びで連体形となる。
(7) 身(名詞)＋を(格助詞)＋し(副助詞)＋分け(動詞「分く」の未然形)＋ね(打消の助動詞「ず」の已然形)＋ば(接続助詞)
(9) 「ぬぎてたまへり」の「たまふ」は、ここでは「与ふ」「授く」の尊敬語で「お与えになる」。

現代語訳

昔、ある男がいた。(その男が)少年のころからお仕えしていた親王が、出家してしまわれた。(それでも男は)正月には必ずお伺いしていた。宮中にお仕えしていたので、たびたびお伺いすることができない。しかし、以前お仕えしていた時の心を失わないで、(年賀に)参上していたのであった。

昔お仕え申し上げた人々で、在俗の人も、法師となった人も、たくさん参上し集まって、お正月であるから特別だということで、(みんなに)お酒をくださった。雪がまるで器からこぼすようにさかんに降って、一日中止まない。人々はみな酔って「雪に降りこめられた」ということを題にして歌を詠んだ。(この男が)

いつまでもいたいと思いますが、身を二つに分けることができませんので(おいとまするこことになりますが)、目から離れないこの降りしきる大雪のように、とどまりたい思いが積もっているのが私の心です。

と詠んだので、親王はたいそう感動されて、お着物を脱いで(ごほうびとして)お与えになった。

17 動詞の活用の種類と活用形

36・37ページ

(1) エ
(2) ②ラ行変格活用・未然形 ④サ行変格活用・未然形
⑥ハ行四段活用・終止形
(3) よる(動詞・ラ行四段・連体形)／ところ(名詞)／さだまら(動詞・ラ行四段・未然形)／ず(助動詞・打消・連用形)
(4) べけれ
(5) 例自然にとがめないことはできない

ポイント

◆動詞の**活用の種類と活用形**は、必ず理解しておきたい。
◆動詞の活用形は、**あとに接続する助動詞や助詞**などによって判断する。

解説

(1) エ「八方美人」は、誰からも悪く思われないように立ち回ること。一つの見方に偏らずに、他の説をよくないとも言わないような曖昧な態度に合致する。

(2) ②終止形は「あり」。ラ行変格活用の動詞は「あり・居り・侍り・いまそかり」の四語。④終止形は「信ず」。ザ行音の動詞もサ行変格活用として扱う。⑥推量の助動詞「らむ」は、ラ変型活用の語には連体形に、それ以外の活用語には終止形に接続する。

(3) 動詞「よる」に名詞「ところ」が、動詞「さだまる」に打消の助動詞「ず」が、それぞれ接続している。「ず」が接続するのは未然形。

(4) 係助詞「こそ」があるので已然形で結ぶ。

(5) 「あたふ」は「あたはず」の形で用いられると、「…できない」という不可能の意味を表す。

現代語訳

一般に一つの見方に偏って、他の説を、よくないととがめることを、心が狭くてよくないこととし、一つの見方に偏らず、他の説をも、よくないと言わないことを、心が広く穏やかで、よいとするのは、普通の人の心であるようだが、必ずしもそれはそれほどよいことではない。(自分の)依拠するところ(説)が定まって、それを深く信じる心であるのならば、必ず一つの見方に依拠するべきである。それと違っている道理を、とるべきではない。(自分が)よいとして依拠するところと違っているのは、すべて悪いことだ。これがよいならば、あれは必ず悪い(という)道理であるよ。そうであるのにこれもよい、またあれも悪くないと言うのは、依拠するところが定まらず、信じるべきところを、深く信じないものである。依拠するところ(説)が定まって、それを信じる心が深ければ、それと違っている道理の悪いことを、自然にとがめないことはできない。これは信じるところを信じる誠実な心である。(他の)人はどのように思っているだろう、(それはともかく、)自分は一つの見方に偏って、他の説をよくないととがめるのも、必ずしもよくないとはきっと思わないのがよい。

---

18 助動詞①

38・39ページ

(1) **イ**
(2) (i) む　(ii) **エ**
(3) 例 場所の区別をしない(9字)
(4) **イ**
(5) **エ**

ポイント

◆最も数の多い**推量の助動詞**は、それぞれの基本的な意味を確実に身につけることが必要。

解説

(1) 冒頭の一文にあるように、花や紅葉、月や雪を見て情趣を味わうことを指して「かやうの道」と言っている。

(2) 「はべらめ」の「め」は、推量の助動詞「む」の已然形。係助詞「こそ」の結びとなっている。

(3) 折(季節)もところも、区別なくと言っている。

(4) 「そぞろに」は、これという当てもなくの意。

(5) 「同じ心なる友なくて、ただ独り眺むる」ので、人恋しいというのである。

現代語訳

「春の花、秋の紅葉を興じ楽しみ、秋の月や冬の雪を賞美するにつけても、この世は(なかなか)捨てがたいものであります。人情の薄いものも、深いものも区別なく、ものの情趣を解しないものも、また身分の低いものも区別なく、(心うたれるのは)このような方面のことばかりでございましょう。それについては、夕月夜のほのかに出るところから、有明の月の心細い(光の)時に至るまで、季節の区別なく、場所の区別もない(心うたれる)ものは、月の光が第一でありましょう。春夏も、まして秋冬などの、月の明るい夜は、何とはなしに、ものの情趣を解しない心も(自然と)澄みわたり、人情を解することの薄い(わが身の)姿も忘れられて、知らない昔、現在、未来も、まだ見たことのない高麗、中国も、ことごとく遠くしのばれるのは、ただこの月に向かった(場合)だけであります。だから、王子猷は、(月の夜、友達の)戴安道を訪ね、(また)簫史の妻が月を見て心を澄まして、(鳳凰に伴われて)雲に入ったということも、もっともだと思われます。わが国でも、月に心を深く通わした例は、昔も今も多くあるようです。(その上、月は)勢至菩薩(の変化されたもの)でもあられるのですから、闇から闇に迷う(わが身の悟りの世界への)道案内にまでもと、頼みをおかけ申しあげようとする私でございます」と言う人がある。

また(一人が言うには)「『これ程までに汚れた末世まで、どうして、このような(清い)光が残っているのであろう』かと(感動して)、昔阿弥陀如来が(われわれのためになさって下さった)御契りも有難く思い知られることは、この月の光が第一でございますのに、それも趣味を同じくした友達もなくて、ただ一人で眺めるのは、すばらしい月の光もひどく興ざめするものに思われて、(月を)見るにつけても、人恋しいことが多いのは、まことにさびしいことです」と。

19 助動詞 ②

40・41ページ

(1) 例 人目を避けて通う人があったのだろうか
(2) けれ
(3) 例 児の、父親を忘れずにいてたいそう慕う様子。
(4) Aしか　Bける
(5) ③**ア**　④**ウ**　⑤**イ**
(6) 「火取」と「一人」。

ポイント

◆過去の助動詞「**き**」と「**けり**」の意味・用法の違いをおさえる。
◆場面の状況をとらえて、人物の関係をつかむ。

解説

(1) 疑問の係助詞「や」、過去推量の助動詞「けむ」に注目する。「…たのだろうか」という、過去についての推量・疑問であることをおさえる。

(2) 「けり」の已然形「けれ」があてはまる。

(3) 妻がいたので、男が姫君のもとに通う機会は途絶えがちだったが、子どもは父親のことを忘れずにいて、たいそう慕っていたということ。

(4) A直後の「ば」は接続助詞で、意味によって未然形に接続するか、已然形に接続するかが異なる。ここでは「月日がたって立ち寄ったところ」という順接の確定条件の意味で、已然形に接続する。よって、「き」の已然形「しか」が適切。B直後の「を」は接続助詞で連体形に接続する。「…抱いて出たところ、(姫君は)…」というつながり。

(5) ③しばらくしてから立ち寄ってみると、子どもがとてもさびしげな様子であったということ。④男が子どもを抱いて家を出ていくさまを、姫君(子どもの母親)がつらそうに見送ったということ。⑤姫君が苦しい心のうちを歌に詠んだのを聞いて、男が子どもを返したのである。

(6) 男と一緒に子どもも出て行ってしまうなら、姫君は「一人」になってしまうと嘆いている。

現代語訳

「ある姫君に、人目を避けて通う人があったのだろうか。たいへんかわいらしい子どもまでもできてしまったので、いとしいとお思い申し上げながらも、厳しいもう一人の妻がいたのだろうか、(姫君のもとへ通うのが)途絶えがちであったところが、(子どもは父親を)恋い慕う気持ちを忘れず、並々でなく慕うのがかわいらしく、時々は、(男が)とある(別の)所に連れて行くなどするのを、(姫君は)『今すぐに(子どもを返してほしい)』などと言わないでいたが、(訪れが途絶えて)月日がたって立ち寄ったところ、(子どもは)とてもさびしげで、(父親を)珍しく思ったのだろうか、(父親は子どもの頭を)なでながら見続けていたが、とどまることができないわけがあって出かけると、(子どもには)習慣になってしまっていたので、いつものように並々でなく慕うのがいとおしく思われて、しばらく立ち止まって、『それならば、さあ(行こう)』と言って、(子どもを)抱いて出たところ、(姫君は)たいへんつらそうに見送って、前にある火取りの香炉を手先でもてあそび、

覆いの籠を持ち去ってしまうのならば、薫(た)き物の火取りはたいそう香を強くたきしめるように、子どもがあなたを慕って出て行くならば、私は一人でたいそう子どもを思い焦がれるのではないでしょうか。

と、ひそやかに言うのを、(男は)屏風の後ろで聞いて、並々でなくふびんに思われたので、子どもを返して、そのままで(その夜は姫君の家に)とどまりなさった、という。」

20 助動詞 ③ ……… 42・43ページ

(1) Aケ　Bエ　Cイ　Dク　Eカ
(2) ①ウ　②イ　③イ
(3) 例趣向の失敗の責任をなすりつけ合ったから。(20字)

ホイント

◆空欄に適切な**助動詞**を埋めていく場合、空欄の**前後の言葉**に着目する。**活用語**が前後にあるときは、**何形接続**か、また**何形に活用**しているかに注意すること。

解説

(1) Aは、「あり」が連用形なので、連用形接続の助動詞を選択肢から探す。「つる」「たり」「けり」「けむ」などが該当するが、連体形であることと文末の「けり」との関係から見て、ここは過去の助動詞「けり」の連体形である**ケ**が適切。Bは、「こそ」の結びで已然形となるから、**ウ**か**エ**が入る。前の「に」は完了の助動詞「ぬ」の連用形だから、連用形接続の**エ**が適切。Cは、連体形で、かつ、連用形接続の助動詞となるので**イ**が適切。Dは、連用形で、かつ、連体形接続のため**ク**が適切。Eは、終止形であり、完了の助動詞「ぬ」の連用形「に」が前についているから、過去の助動詞の**カ**となる。完了+過去で「…してしまった」と訳す。

(2) ②は、趣向をいよいよ公開するときであることから考える。③の「あいなし」は、重要古語。連用形で連用修飾になるときは、「いみじ」や「いたし」と同様、たいそうという意味となることに注意。

(3) 趣向をこらそうとたくらんでいたことが、思いもよらぬハプニングでどうしようもなくなった状態であることから考える。

現代語訳

仁和寺に、たいへんかわいい児がいたのを、なんとか誘い出して遊ぼうとたくらんだ法師たちがいて、芸達者な遊芸僧たちなどを仲間にして、しゃれた破子風の物を、念入りにこしらえ上げて、箱のような物の中にととのえ入れて、ならびの岡の都合のよい所に埋めておいて、紅葉を散らしかけたりなどして、そんな物が埋めてあろうとは思いもつかないようにして、仁和寺の御所へ参って、その児をうまく誘い出したのであった。うれしく思い、あちらこちら遊び回って、さっきの苔が一面に生えている所に並んで座り、「たいへんくたびれてしまったなあ。ああ、紅葉をたいて酒をあたためてくれる人がいたらいいのに。霊験(れいげん)あらたかな僧たちよ、試しに祈ってみなさい」など互いに言い合って、埋めておいた木の方に向いて、数珠をおしすり、印をぎょうぎょうしく結んだりなどして、大げさにふるまって、木の葉をかきのけたけれど、全然何も見えない。場所が違っているのだろうかと思って、掘らぬ所もないくらいに山中を探し回ったが、どこにもなかったのであった。(これは)埋めたのを人が見ていて、(法師たちが)御所へ参った間に、盗んだのであった。法師たちはその場を取り繕う言葉もなくて、口汚く言い争って、腹を立てて帰ってしまった。あまり趣向をこらそうとすることは、必ずつまらない結果になってしまうものである。

(1)（第二段）あるはお　（第三段）おほかた
(2)・ひたぶるに捨ててとりあげざる者（15字）
・ただうけぬ顔して過ぐすたぐひ（14字）
・すべてをいひけたむと構ふる者（14字）
(3) **ウ**
(4) A 例 あるものの
B 例 賛成しかねるという顔つき
C 例 否定しよう
(5) ①**ア** ②**オ**

ポイント

◆**助動詞**に注目して、内容を正確にとらえる。

解説

(1) この文では、世間一般の通説とは異なる新しい説を打ち出したときのことが述べられている。文の構成を探るためには、何が述べられているかおおまかにつかみ、あとは概要や具体例に注目するのがポイント。

(2) 「あるは」という言葉が、三回繰り返されているので、三つのタイプはここに集約されているのがわかる。あとは字数に合わせて、抜き出せばよい。

(3) この文の主題を問う問題である。新説と古説についてのことを述べているが、どちらかを全面否定したものでないから、**ア**・**イ**は違う。**ウ**か**エ**となるが、新説も古説も評価すべきだというまとめはないから、**エ**も違う。よって、**ウ**となる。

(4) Aの「ものから」は、逆接の接続助詞、Bの「ぬ」は打消で、「うけぬ」で、賛成しかねるの意。Cの「言ひ消つ」は、人のことばを否定するの意。意志の「む」の意味を入れることを忘れないように。

(5) ①は、世の中の学者にされることだから、受身とすぐわかる。②は、人に採用させないという訳になるから、使役となる。「―に…させる」となるのが、使役であることを記憶しておくこと。

現代語訳

だいたい世間一般と異なる新しい学説をたてる時には、（内容の）良い悪いにかかわらず、まずひととおりは世の中の学者から憎まれて悪口を言われるものである。ある場合には自分が以前から拠り所にしてきた学説とひどく違うのを聞いては、（その内容の）良い悪いをじっくり検討して考えてみるまでもなく、最初からひたすら排斥して取り上げない者もある。またある場合には心の中ではなるほどそうだと思う点も多くあるものの、そうは言ってもやはり今時の人の意見に従うことがいまいましくて、良いとも悪いとも言わないで、ただ賛成しかねるという顔つきをして過ごす人もある。またある場合にはねたみ憎らしく思う気持ちのこうじた場合には、内心では良いと思いながら、その学説の中の欠点を無理やりに捜し出し、それによって学説の全部を否定しようと身構える者もある。だいたい古い学説は、十の中七八は間違っているものでも、間違っている所は覆い隠して、わずかに二、三の取り柄のある箇所を取り上げて、全力をあげて応援して採用しようとし、新しい学説は十中八九は良くても、一、二の欠点を言いたてて、八、九の良い点まで押し殺して、できる限りは自分も採用せず、人にも採用させまいとする。こういうことは一般の学者の風潮である。

(1) Aア　Bウ　Cオ
(2) ①完了の助動詞「ぬ」の終止形。
⑤打消の助動詞「ず」の已然形。
(3) 例誰であろうか
(4) イ
(5) あら思ひよ〜入らせ給へ
(6) 例まったくこの世の人とも思えない

ポイント

◆**「ぬ」の判別**は、最も重要。間違えるとまったく異なった意味となってしまうため、確実に理解しよう。

解説

(1) A「振り返って見ず、……」と、いったん読点で切れたあとに文が続くので連用形。B「仮屋の枕」は全体で名詞ととらえ、連体形を選ぶ。Cは前に係助詞「こそ」があるので已然形「ね」。「ず」の補助活用は、あとに助動詞がくる場合と、漢文訓読調の文の場合に使われるので、ここでは「ざれ」は適さない。

(2) ①「遠く行って離れた」という行動の完了を示し、連用形に接続している。⑤「辞退するには及ばないので」という文脈。打消を示し、未然形に接続している。已然形に「ば」がついた「ねば」は順接を表す。

(3) 「やらむ(ん)」は「…だろうか」という疑問・推量を表す。

(4) 形容動詞「あやしげなり」は、不審な様子を言い表すことばである。「あやし」との意味の違いに注意する。秀郷が女性を見たあとの描写に「あやし」とあり、ここからは、女のみすぼらしい・いやしい様子は読み取れないので、選択肢を絞り込んで考える。**ウ**は「あやしげなり」にない意味。

(5) あるじは、秀郷の言ったことを「かく(このように)」と女性に伝えたのである。

(6) 「さながら」は、打消の表現とともに用いて「まったく・ぜんぜん」の意味を表す。

現代語訳

しかし大蛇は、まったく驚く様子がない。秀郷も後ろを振り返って見ず、遠く行って離れた。それから東海道に向かい、太陽も西の山に入ったので、ある宿の客間にお泊まりになった。すっかりその夜も更けてゆくにつれて、夢も(形を)結ばない(短い)仮小屋の枕に、(頭を)傾けようとしなさるところに、宿の主人が申し上げることには、「誰であろうか、旅人(あなた)に会って話をし申したいと申し上げて、不審な様子の女性が一人、門のそばにたたずんでいらっしゃる」と申し上げる。秀郷は(これを)聞いて、「ああ(心当たりは)思いつかないよ。そもそも、どこの人でいらっしゃって、私に目通りしたいとおっしゃるのか。まったくわからない。しかしながら、お考えになる事情がおありになるからこそ、ここまでおいでがあるのだ。お尋ねにならなければならないことがあるならば、こちらへお入りになりなさい」と言ったので、(宿の)主人は、その女性にこのように(おっしゃっています)と申し上げる。その時に女性が言うことには、「いやいやこれは不都合はない。(私は)都の方の者だが、私にほんの少し近くでお聞かせするほうがよいことがある。恐れながら、ここまでおいでくださいよ」と申し上げる。

そうこうしているうちに、秀郷は辞退するには及ばないので、(自分が）いる部屋からさっと立って、門の外に出て見ていると、二十歳過ぎの女性が、たった一人たたずんでいる。その姿を見ると、顔かたちが美しくて、辺りがまぶしく光るほどである。髪が肩にかかっている様子が美しく、まったくこの世の人とは思われない。（その）不思議さはこの上もない。

23 助動詞 ⑥ …… 48・49ページ

(1) **エ**
(2) A **ウ**　B **ア**　C **ウ**　D **イ**
(3) ① **オ**　② **ス**　③ **イ**　④ **カ**　⑤ **ア**

ポイント

◆**助動詞の意味**は、古文解釈のポイント。まず、それぞれの助動詞の基本的な意味を確実に身につけよう。

解説

(1) 直前の「心澄みける」状態を、西行がどのように感じとったかがポイント。**ウ**の「をかしく」と考えられなくもないが、つつましやかに生きる僧の生活は、出家者として理想的な姿であるし、西行も修行を重ねていることを考え合わせれば**エ**が正解となる。

(2) B「様変ふ」とは、出家したり元服したりして、姿かたちを変えること。C「さるべきにや」は、慣用的表現で、そうなる宿縁だったのであろうかの意。D「空し」は、中に何もない・無益だの意。直前にある「人の憐れみを待ちて」、つまり、人からのほどこしを待つ生活で、四、五日何もないことがあるということから、食べ物のないことを指しているとわかる。

(3) ①体言に接続していることから断定の「なり」。③「人に」とあるから受身であることがわかる。④・⑤「む」は、推量・意志が基本義だが、「…するような」というように、言い方をやわらげる婉曲の意がある。

現代語訳

西行法師が、関東で修行していた時、月の夜に、武蔵野を通ったことがあった。時節は八月十日過ぎの日であるので、(月明かりで)昼のように明るいところに、花がさまざまな色で露を帯び、虫の声が風と一緒になって、(すばらしい様子に)心が及ばないほどであった。はるばると分け入っていく時に、(露に濡れて)麻の袖も絞るほどになってしまった。

ここはきっと住む人がいないだろうと思われる野原の中であるのに、かすかに経の声が聞こえ、(西行は)たいへん不思議に思って、声を尋ねて行って見ると、わずか一間ほどの庵がある。萩、女郎花を囲いにして、すすき、かや、荻などを取り混ぜて、庵の屋根に葺いてある。その中に、年をとった涸れ声で法華経を綴り読む声が(聞こえ)、たいそうすばらしく思われて、「どのような人がこのようにしているのか」と尋ねたところ、(庵の中の人が)「私は昔、郁芳門院にお仕えしていた者の長であった者であるが、(郁芳門院が)お亡くなりになったあと、すぐに出家して、人に知られないような所に住もうという志が強くて、どこということなくさすらい歩いておりました時に、このようになる宿縁だったのでしょうか。このようにさまざまな色に咲く花をよるべとして、野原の中に留まり住むようになって、自然と多くの年を送り、もともと秋の草に深く心を寄せる身でありましたので、花がない時はその跡をしのび、このごろは花の色に心を慰めつつ(暮らしており)、悲しいことはございません」と言う。

(西行は)これを聞くと、めったにないほどすばらしいことだと思われて、涙を落として、いろいろと(庵の人と)話をする。「それにしても、どのようにして月日をお送りになっているのか」と尋ねると、「ふだんは、里などに出ることもないのです。ただこうして人の憐れみを待っておりますので、四、五日は食べ物のない時もあります。だいたいは、この花の中に(暮らしていて)炊飯のための煙を立てるようなことも本来の望みでないように思われて、いつもは普通の朝夕の食事をとるような状態ではないのです」と語った。(この人は)どんなに心が澄んでいたことかと、うらやましく感じたことだ。

24 助詞①

50・51ページ

(1) ①例 どうにかして見たい
②例 どうして思い出して語ってくれようか。いや、語ってくれはしない
(2) A オ　B ア
(3) 京にとく上ゲ見せたまへ
(4) 自発

ポイント

◆「**会話**」と「**心中思惟**(しい)」(心の中で思うこと)は、特に注意しながら読むと内容がよく理解できる。

◆「**の**」「**が**」の意味用法の判別はよく問われる。特に**同格**は古文特有の用法であるので確実に理解しておきたい。

解説

(1) ①は願望。文末に願望の終助詞「ばや」がついている。②は反語。「いかで」のあとに係助詞の「か」がついている。

(2) Aは主格。Bは同格。**ア**は同格。**イ**は体言の代用。**ウ**は連体修飾格。**エ**は比喩。**オ**は主格。

(3) 敬語が使われているのは薬師仏に対してのみ。文中には二か所ある。前半の段落に祈りの内容が書かれていることから判断できる。

(4) 助動詞「る」の連用形「れ」。ここは、薬師如来(にょらい)に対する思い入れが強かったのに、見捨てなくてはいけない悲しさで自然に泣けて仕方がないのだから、自発である。

現代語訳

常陸よりも、もっと奥深い土地で育った私は、どんなにかみすぼらしく田舎じみていたろうに、どういう考えを起こしたものか、「世間には物語というものがあるそうだが、(それを)なんとかして読みたいものだ」と、しきりに思いながら、(そんな折に)退屈な昼間とか、夜遅くまで起きている時などに、姉・継母(ままはは)などの大人たちが、あの物語、この物語、光源氏のことなどを、ところどころ話すのを聞いていると、(私の物語への)あこがれは募る一方だ(った)けれども、私の心ゆくまで、どうして(その一部始終を)何も見ずに思い出して話してくれたりしようか。(私は)あまりのもどかしさに、薬師如来の等身像を造って(もらい、)手を洗い清めたりして、人のいない間にこっそりと(仏間に)こもっては、「一刻も早く上京させ、都にはたくさんあるとか申しますその物語を、ある限りお見せくださいませ」と、一心不乱にぬかずいて、お祈り申し上げる(のだった。そうする)うち、それは十三になる年だったが、(父の任期が無事に終わり)上京することとなり、九月三日、ひとまず門出して、「いまたち」という所に移った。

数年来遊びなじんできた部屋を、外から丸見えになるほど、(御簾・几帳などを)乱雑に取り外し、(人々は)その荷造りに大わらわで、日も入りぎわで、たいそうひどくあたり一面に霧の立ちこめるころ、車に乗ろうとして、わが家の方を眺めてみると、人のいない時にはよくお参りして、礼拝したあの薬師如来がぽつんと立っておいでになるのを、お見捨て申し上げて旅立っていくのが悲しくて、(私は)人知れずに涙を流さずにはいられなかったのだった。

25 助詞② ……………… 52・53ページ

(1) Aエ　Bイ
(2) オ
(3) イ
(4) イ
(5) 例「予」は「ひとり月の客」を他の騒客としたのに対し、「先師」は、自分が名のり出たものとした点。

ポイント

◆副詞は、古文の意味をとらえる上で重要な働きをするので、注意しておくこと。「いかで」「いかが」「たとひ」「な…そ」などである。

◆「ば」・「とも」・「ど・ども」の理解は古文解釈の基本。

解説

(1) Aは已然形に接続する接続助詞「ど」なので、逆接確定条件。Bは已然形に接続する接続助詞「ば」なので、順接確定条件。

(2)「侍り」は「あり・居り」の謙譲語で、「お仕えする・おります・あります」などの意。ここでは、「岩鼻や…」の句に対する洒堂の言い分と自分の言い分を言ったあとでの言葉だから、**オ**が最も適切。

(3) 明月を賞でて歩く人と同じ意味であるので、**イ**か**エ**。月を賞でることから、**イ**のほうがよい。

(5) 洒堂は、「月の猿」とすると、岩鼻・月・猿という取り合わせは漢詩や墨絵の素材となる山水画的構図としてよいと考えた。去来の趣向は月の客がいるのを見つけたというものであったが、先師は、月の客である私がいると、名のりでればより風流だと考えた。だから、自称の句とせよと言っているのである。

現代語訳

明月にさそわれて、句を作りながら野山を歩いていると、同じように月を賞でて歩く人がいる。ふと見ると岩の端にも一人、月を眺める風流人を見つけた。

先師(芭蕉)が上京された時、私(去来)が言うには「洒堂はこの句の下五文字を『月の猿』とするのがよいと申しておりますが、私は『月の客』のほうがすぐれているに違いない、と申します。どのようにお思いでしょうか」と。先師は「『猿』とは何事だ。お前はこの句をどのように思って作ったのか」(とおっしゃる)。そこで私は「明月にさそわれて、句を考えながら山野を歩いておりますと、岩の端にまた一人の風流人がいるのを見つけて詠んだものです」と答えた。先師がおっしゃるには、「『ここにも一人月を賞でる男がいますよ』と、自分から(月に向かって)名のり出たほうが、どれほど風流か知れない。迷うことなく、自称の句とするのがよい。この句は私も珍しいよい句だと思い、句集『笈の小文』にも書き入れた」と言われた。私の句案は(先師のと比べると、)やはり二段も三段も劣っているに違いない。先師の解釈によってこの句を見ると、少し風流に徹した人の感じも出ているように思う。

26 助詞③

(1) まして
(2) **オ**
(3) ①**ク**　②**オ**　③**ウ**　④**イ**
(4) A**ウ**　B**ア**

ポイント

◆空欄を補う問題では文脈を踏まえて考え、**形容詞**や**助動詞**などが適切に使われているものを選ぶ。

解説

(1) 他人の死でさえ悲しいことだと思っていたのに、他人ではない、姉の死は言いようもなく悲しいのだから、「まして」に対応している。

(2) 「ゆゆし」は重要古語。けがれたものや神聖なものを恐れはばかるさまが原義。善悪とも程度がひどい意にも用いる。ここでは、青白い月光を浴びた乳児の寝顔が死に顔のごとく見えたことを指すので、**オ**の「不吉に」になる。だから、袖でおおったのである。

(3) ①は、自然と悲しくて嘆かれて仕方がないのだから、自発。④は、直後が体言だから打消とわかる。

(4) Aは、姉に頼まれていたものがその死後に送られてくることについて言っているので、より悲しさを増すことと考えられ、**ウ**を選ぶ。Bは、過去推量の意味が必要になる。選択肢を見ると、助動詞「けむ」がその役割を果たすので、**ア**と判断がつく。

現代語訳

その年の五月のついたちに、姉が、出産ののち亡くなってしまった。他人のことでさえ、(人の死は、)幼い時からたいへん悲しいことと思ってきたのに、まして(肉親の姉のことゆえ、)言いようもないほど、しみじみと悲しく思い嘆かれるのだった。母などは皆亡くなった姉の部屋につめているので、(私は)形見に残された幼子を両側に寝かせていると、破れた板屋根のすき間から月の光が漏れて、乳児の顔に差しているのが、たいへん不吉に思われるので、その子の顔に袖をひろげ、もう一人の子をも抱き寄せて、あれこれと物思いにふけるのは悲しい。

当座の法事なども過ぎ、親戚(しんせき)の人の所から、「亡くなった人が『必ず探し求めて送ってください』と言われたので探してみましたが、当時はとうとう見つけられずじまいだったのを、亡くなられた今になって、人が見つけてよこしてくれたのが、身にしみて悲しいことです」と言って、「かばね尋ぬる宮」という物語を届けてくれた。ほんとうに悲しいことだ。その返事に、

埋(うず)もれもせずに、この世に残っていた「かばね(死体)尋ぬる宮」という不吉な物語を、姉はまたどうして探し求めていたのでしょう。その本人こそ、むなしく苔の下に埋もれてしまいましたよ。

(姉の)乳母だった人は、「今となっては、どうして残っておれましょう」などと言って、泣く泣く実家に帰ってゆく。

あなたは、こうして実家へ帰ってゆかれるのですね。これも姉の死ゆえと思えば、ああなんという悲しい死別だったのでしょう。